Sven Michael Klein

Das Sächsische Königshaus

Die Könige und Markgrafen des Hauses Wettin Albertinischer Linie von 1806 bis zur Gegenwart

DEUTSCHE FÜRSTENHÄUSER

Heft 42

Börde-Verlag · Werl
2013

Umschlagvorderseite: Königlich-sächsisches Wappen (großes Majestätswappen)

Umschlagrückseite:
S.K.H. Alexander Markgraf von Meissen mit Gemahlin Gisela Prinzessin von Bayern, Dresden 2013

Wappenbeschreibung

2		**3**		**4**
5				**6**
		1		
7				**8**
9		**10**		**11**
	12		**13**	

1 Stammwappen Herzogtum Sachsen, aufgelegt auf das rote Regalienfeld
2 Markgrafschaft Meißen
3 Landgrafschaft Thüringen
4 Pfalzgrafschaft Thüringen
5 Pfalzgrafschaft Sachsen
6 Herrschaft Pleißen
7 Grafschaft Plauen/Vogtland
8 Grafschaft Orlamünde
9 Markgrafschaft Landsberg
10 Markgrafschaft Ober-Lausitz
11 Herrschaft Eisenberg
12 Burggrafschaft Altenburg/Thüringen
13 Gefürstete Grafschaft Henneberg

Bibliografische Information der Deutschen Nationalbibliothek
Die Deutsche Nationalbibliothek verzeichnet diese Publikation in der Deutschen Nationalbibliografie; detaillierte bibliografische Daten sind im Internet über http://dnb.d-nb.de abrufbar

Am Feldrain 12 · D 59457 Werl (Westfalen)
Tel./Fax: 02922 - 81535
eMail: platteboerde@aol.com

Internet: www.fuerstenfamilien.de
www.boerde-verlag.de

Druck: Buchdruckermeister Friedel Hohmann, Wetter/Ruhr 2013
Printed in Germany
ISBN 978 - 3 - 9815864 - 0 - 4

Inhalt

Die alte Stammburg des Fürstengeschlechts Wettin liegt heute in der Stadt Wettin-Löbejün im Saalekreis (Bundesland Sachsen-Anhalt).
Stahlstich von H. Winkler aus der »Geschichte des Sächsischen Volkes und Staates, Leipzig 1862.

Sachsens Volkshymne

Als nach Beendigung der Befreiungskriege König Friedrich August I. in sein verkleinertes Reich zurückkehrte, empfingen die Dresdner ihn Anfang Juni 1815 mit der von Georg Karl Alexander von Richter (1760-1806) gedichteten nachstehenden Hymne, die sich später als sächsische Volkshymne durchsetzte und nach der Weise „God save the Queen" zu singen war. Daneben gab es noch die weniger bekannte, von dem Leipziger Siegfried August Mahlmann 1815 gedichtete Hymne „Gott segne Sachsenland".

1
Den König segne Gott,
Den er zum Heil uns gab,
Ihn segne Gott"
Ihn schmücke Ruhm und Ehr´,
Ihn flieh´der Schmeichler Heer,
Weisheit steh´um ihn her,
Ihn segne Gott!

2
Gieb ihm lang Regiment,
Dem Lande Fried´und Ruh´,
Den Waffen Sieg!
Er ist gerecht und gut
In allem, was er thut,
Schont jedes Sachsenblut;
Ihn segne Gott!

3
Wie Kinder liebt er uns
Als Vater seines Volks,
Er, unsre Lust.
Wir sollen glücklich sein,
Von uns geliebt zu sein
Kann nur sein Herz erfreu´n;
Ihn segne Gott!

4
Auf, biedre Sachsen, schwört
Dem König treu und fromm
Und gut zu sein!
Eintracht sei unser Band,
Dies schwöret Hand in Hand!
Dann singt das ganze Land:
Ihn segne Gott!

Sachsen in Zahlen

Lage, Flächengehalt und Bevölkerung des Königreichs Sachsen im Jahre 1910

Sachsen war 14.993 Quadratkilometer groß. Am 1. Dezember 1910 wohnten darin 4.800.000 Einwohner. Davon wohnten 55 % in den 143 Städten und 45 % in 3034 Landgemeinden und 1222 selbständigen Gutsbezirken. 93,65 % der Bevölkerung sind evangelisch-lutherischen Glaubens, 4,87 % römisch-katholischer Konfession. Die Landesfarben des konstitutionellen Königreiches waren seit 1815 Weiß-Grün. Sachsen hatte im Bundesrat vier Stimmen.

Die Wettiner Albertinischer Linie bis zur Erlangung der Königswürde

Zu den bedeutendsten deutschen Dynastien zählen die Wettiner. In der schriftlichen Überlieferung sind sie diejenigen, die in ununterbrochener männlicher Erbfolge am weitesten zurückreichen und noch heute bestehen. Den Namen erhielten sie von ihrer Stammburg Wettin, die nordöstlich von Halle an der Saale im heutigen Sachsen-Anhalt gelegen ist. Ihre Herkunft ist in der Forschung wegen der ungenügenden Urkundenüberlieferung umstritten. Angenommen wird, dass die ältesten Wettiner aus dem ostsächsischen Raum, gemeint ist hierbei der Harz, stammen. Im Zusammenhang mit der beginnenden deutschen Ostbesiedlung im 10. Jahrhundert gingen sie über die Saale, wo sie im slawisch besiedelten, aber noch herrschaftsfreien Lande, ein neues Betätigungsfeld fanden. 1089 erhielt der Wettiner Graf Heinrich I. von Eilenburg erstmals die Markgrafschaft Meißen. Bis zum heutigen Tage gebührt die Titulatur „Markgraf von Meissen" noch immer dem jeweiligen Chef des Hauses Wettin. Jetziger Namensträger dieses alten Titels ist seit 2012 Seine Königliche Hoheit Alexander Prinz von Sachsen Herzog zu Sachsen.

Eine reichspolitisch beachtenswerte Rolle spielten die wettinischen Fürsten seit dem 12. Jahrhundert, als Konrad von Wettin, der alleiniger Erbe der Hausgüter um Wettin und Camburg war, im Jahre 1123 erneut mit der Markgrafschaft Meißen belehnt wurde. Bis zu seinem 1156 erfolgten Rückzug ins Kloster gewann er weitere Landstriche für sein Haus hinzu. Dazu gehörten z. B. der Dresdner Elbtalkessel, das Bautzner Umland und die Oberlausitz.

Mit dem Tode des seit 1227 regierenden Heinrich Raspe starb im Jahre 1247 das alte thüringische Landgrafengeschlecht der Ludowinger im Mannesstamm aus. Nachfolger wurden nun auf Grund enger familiärer Beziehungen wiederum die Wettiner, da Jutta, die Schwester von Heinrich Raspe, mit dem Meißner Markgrafen Dietrich dem Bedrängten vermählt war. Ihm gelang es, das ludowingische Erbe in Thüringen für sein Haus zu sichern. Nur die hessischen Besitzungen der Thüringer Landgrafen, die er auch gern an sich gerissen hätte, konnte er sich nicht einverleiben. Trotzdem bedeutete der thüringische Landgewinn für die Wettinerdynastie einen immensen Machtzuwachs. 1423 wurde ihnen dann noch das Erbe der ausgestorbenen askanischen Kurfürsten von Sachsen-Wittenberg zugesprochen. Damit war eine bemerkenswerte und bedeutsame Rangerhöhung innerhalb des alten Reiches verbunden: Die Wettiner gehörten von nun ab zu den sieben Kurfürsten und erhielten damit Stimmrecht bei den künftigen deutschen Königswahlen. Der Name „Sachsen" des neu hinzugekommenen

Territoriums übertrug sich nach und nach auf ihre gesamten Besitzungen, übrigens auch in den Staatsbezeichnungen im ursprünglich thüringischen Herrschaftsgebiet.
Von der Mitte des 13. bis zum Ende des 15. Jahrhunderts wurde das dem Haus Wettin gehörende Gebiet, das sich etwa von Eisenach im Westen bis Dresden im Osten erstreckte, mehrmals geteilt. Diese Teilungen entsprachen dem Bestreben, Territorien zu schaffen, die gut zu verwalten und zu beherrschen waren. Zugleich sollten damit Konflikte zwischen den erbberechtigten Söhnen entschärft werden. Die in Leipzig vollzogene Teilung vom 26. August 1485 beendete dann die mittelalterliche Teilungsgeschichte dieses Fürstenhauses. Sie entsprach zwar der Tradition des Geschlechtes, hatte aber für die Dynastie in machtpolitischer Hinsicht fatale geschichtliche Folgen. Sie bestimmte nun die sächsische und thüringische Geschichte bis zum Ende der Monarchien im Jahre 1918. Die Teilung wurde durch die Brüder Ernst (reg. 1464-1486) und Albrecht (reg. 1464-1500) vollzogen. Es stand dabei fest, dass Ernst als dem älteren der Brüder die Kurwürde und der Wittenberger Kurkreis zufallen sollten. Nach ihm ist die ernestinische Linie des Hauses Wettin (bzw. Sachsen) benannt. Albrecht wählte die markmeißnische Teilungshälfte, die Meißen, Dresden, Freiberg und Chemnitz, aber auch einige kleinere thüringische Landesteile umfasste. Der ernestinische Teil befand sich, abgesehen vom Kurkreis, vorwiegend auf thüringischem Gebiet, das Herrschaftsgebiet der Albertiner größtenteils auf dem heute als Sachsen bekannten Territorium.

Kurfürst Moritz, der erste Kurfürst aus dem Hause Wettin Albertinischer Linie.

Stahlstich aus »Geschichte Sachsens«, Leipzig 1842.

Die Leipziger Teilung hatte die dauerhafte Aufspaltung der Wettiner in zwei Hauptlinien zur Folge. Die ernestinische Linie als die ältere Linie blieb, solange sie die kurfürstliche Würde innehatte, die bedeutendere und einflussreichere Linie. Dies änderte sich im 16. Jahrhundert. Als Beschützer und Förderer der Reformation und Luthers waren die Ernestiner zur Führungsmacht der evangelischen Reichsstände und des 1531 gegründeten Schmalkaldischen Bundes geworden. Damit waren sie maßgeblich am Schmalkaldischen Krieg gegen die katholischen Reichsstände und Kaiser Karl V. beteiligt. Die verlorene Schlacht am Mühlberg am 24. April 1547 und die anschließende Wittenberger Kapitulation besiegelte ernestinisches Schicksal, das einer politischen Katastrophe gleichzusetzen war: Sie verloren nicht nur die Kurwürde an den albertinischen Herzog Moritz, sondern auch rund zwei Drittel ihres bisherigen Territoriums. Mit dem Erwerb der Kurwürde durch Moritz im Jahre 1547 gelang ihm ein großartiger Schachzug gegen seine ernestinischen Vettern, die damit über einen langen Zeitraum hinweg als „Herzöge" zu einem rein thüringischen Herrschergeschlecht geworden waren. Die ernestinischen Herzogtümer spielten von nun an innerhalb Thüringens und Deutschlands keine machtpolitische Rolle mehr, sondern waren nur noch, aber immerhin, Träger beachtlicher kultureller Impulse. Als 1583 das Henneberger Grafenhaus ausstarb, konnten die Ernestiner zwar nochmals die südthüringischen Gebiete etwas abrunden und erweitern, aber entgegen den Bestimmungen des 1554 abgeschlossenen Kahlaer Vertrages eigneten sich auch die Wettiner der albertinischen Linie mit kaiserlicher Unterstützung die Hälfte dieses Territoriums an. So wurden die Gebiete um Schleusingen und Suhl kursächsisch.

*Kurfürst Friedrich August I. von Sachsen, als polnisch-litauischer König August II.
Historische Postkarte der Generaldirektion der Königlichen Sammlungen zu Dresden nach einem Gemälde von Louis de Silvestre (1718).*

Der albertinische Familienzweig nahm seit der Leipziger Teilung eine ganz andere Entwicklung. Bereits 1499 hatte Herzog Albrecht der Beherzte die Primogenitur, also das Erstgeburtsrecht in der Thronfolge, für sein Haus festgelegt. Zwar kam es trotzdem nochmals zu Teilungen, aber die Einheit war im 18. Jahrhundert bereits wieder hergestellt.
Seine Blütezeit als absolutistischer Staat erlebte das wirtschaftlich starke Kurfürstentum Sachsen unter Friedrich August I. Als der als August der Starke bekannte Fürst 1697 auch die polnische Königskrone, die Polen und Litauen umfasste, erringen wollte, trat er vorher zum katholischen Glauben über, dem die Albertiner bis in die Gegenwart treu geblieben sind. Kursachsens Einwohner blieben trotzdem protestantisch. Mit dem Ausbau Dresdens zur schönsten Barockresidenz Deutschlands, dem Aufbau wertvoller Kunstsammlungen und der Begründung der europäischen Porzellanherstellung in der Meiß-

ner Manufaktur erlebte Sachsen seine kulturelle Hochblüte. Dem standen seit der Mitte des 18. Jahrhunderts allerdings einige militärische und politische Niederlagen gegenüber, insbesondere in den Kämpfen gegen Preußen unter dessen König Friedrich II. (der Große) im österreichischen Erbfolgekrieg und später im Siebenjährigen Krieg. Sie brachten den Verlust der dynastischen Vormachtstellung der Albertiner im mitteldeutschen Raum mit sich. 1806 wurde das Kurfürstentum Sachsen von Napoleon zum Königreich erhoben, nachdem es dem Rheinbund beigetreten war. Erster sächsischer König wurde Kurfürst Friedrich August III.

Die sächsischen Könige

König Friedrich August I., der Gerechte

Dem sächsischen Kurprinzenpaar Friedrich Christian und Maria Antonia wurde am 23. Dezember 1750 in Dresden ein Sohn geboren, der auf die Namen Friedrich August Joseph Maria Anton Johann Nepomuk Aloys Xaver getauft wurde und somit ganz in der familiären Tradition stand. Damals regierte in Sachsen noch sein Großvater Kurfürst Friedrich August II., der, wie einst August der Starke, zugleich die polnische Königskrone trug. Der Kurprinz wurde in eine für Sachsen schwierige Zeit hineingeboren. Damals konnte keiner ahnen, dass der Neugeborene einmal 59 Jahre an der Spitze des Landes stehen und damit der am längsten regierende Wettiner überhaupt werden würde.

Die Verbindung des sächsischen Kurhutes mit der polnischen Königskrone verstrickte das Land in eine Reihe von Kriegen, die Sachsen finanziell ruinierten und verheerten. Im Verlauf des Siebenjährigen Krieges musste 1759 das kurprinzliche Paar sogar wegen der bedrohlichen militärischen Lage die Hauptstadt in Richtung München verlassen, während sich der König mit seinem Hof schon seit 1756 in Warschau aufhielt und erst 1763 zurückkehrte. Nur die Königin Maria Josepha blieb in Dresden, wo sie Friedrich II. die Stirn bot. Sie verstarb 1757 ohne ihren Mann wiedergesehen zu haben. 1762 konnte Kurprinz Friedrich Christian mit seiner Gemahlin wieder nach Dresden zurückkehren. Hier fanden sie eine verarmte und teils zerstörte Stadt vor. Ein Jahr später verstarb Friedrich August II., als König von Polen August III. genannt. Die Nachfolge trat am 5. Oktober 1763 sein 41-jähriger Sohn Friedrich Christian an. Es ruhten viele Hoffnungen auf ihm, zumal er während seines Studiums an der Leipziger Universität aufklärerisches und bürgerliches Gedankengut in sich aufgenommen hatte. Seine Maxime fasste er 1752 wie folgt zusammen: „Die Fürsten sind für ihre Untertanen

Die Kurfürsten Friedrich August I. und Friedrich August II. (1734), hier als polnische Könige August II. und August III. benannt, im Dresdner Fürstenzug.

da und nicht die Untertanen für die Fürsten." Dies versprach einen deutlichen Politikwechsel – vor allem aber auch die Wiederherstellung des Wohlstandes in Sachsen. Aber das Schicksal haderte mit dem neuen Kurfürsten: Nach nur 74 Tagen im Amt erlag der an Blattern erkrankte Kurfürst Friedrich Christian am 17. Dezember 1763 einem Schlaganfall. In der katholischen Hofkirche in Dresden fand dieser Herrscher mit der kürzesten Amtszeit aller Wettiner seine letzte Ruhe. Wenige Tage vor Friedrich Augusts dreizehntem Geburtstag machte ihn der unerwartete Tod des Vaters nun zum dritten sächsischen Kurfürsten mit diesem Namen.
Da der junge Kurfürst Friedrich August III. noch unmündig war, übernahm sein Onkel Prinz Xaver bis 1768 als Administrator die Vormundschaftsregierung. Er versuchte, die begonnene Politik des verstorbenen Kurfürsten unter dem Einfluss der Witwe fortzusetzen. Einstweilen konnte der junge Kurfürst seinen Unterricht und seine Studien in der seinerzeit üblichen Form durchführen. Neben allgemeinbildenden Fächern waren besonders Ge

schichte und die Rechts- und Staatswissenschaften Mittelpunkt seiner Ausbildung. Drei Monate vor dem 18. Geburtstag übernahm Friedrich August III. die selbstständige Regierung des Landes, nachdem Prinz Xaver infolge eines schon lang schwelenden Streites mit den Landständen wegen Finanzierungsfragen die Vormundschaftsregierung vorzeitig niederlegte und die Regierungsgeschäfte allein in die Hände des jungen Kurfürsten übertrug. Wenig später heiratete Friedrich August III. am 29. Januar 1769 in Dresden Pfalzgräfin Amalie von Pfalz-Zweibrücken, womit sich die enge verwandtschaftliche Beziehung zwischen den katholischen Häusern Wettin und Wittelsbach erneut festigte. Aus dieser Ehe ging, nach zwei Fehlgeburten, als einzige Tochter die Prinzessin Maria Augusta (1782-1863) hervor. Der Kurfürst setzte die Politik seiner Eltern und des Vormunds fort, insbesondere ordnete er einen harten Sparkurs an. An diesem Umstand dürfte es auch liegen, dass er entgegen der Art seiner Vorfahren der Residenzstadt Dresden kein wirklich prägendes Baudenkmal hinzufügte. Lediglich die von preußischen Kanonenkugeln 1760 arg in Mitleidenschaft gezogene Kreuzkirche ließ er in relativ schlichter Weise wiedererrichten. Nach außen hin hatte der Sparkurs zur Folge, dass der Kurfürst bemüht war, möglichst neutral zu bleiben, um neue und teure militärische Konflikte zu vermeiden. Als Ausnahme ist aus familiären Gründen lediglich der Bayerische Erbfolgekrieg 1778/79 anzusehen. In diesem musste er durch seine aus dem Hause Wittelsbach stammende Mutter Maria Antonia eindeutig Stellung gegen die Habsburger beziehen, da diese Ansprüche auf einen großen Teil des bayerischen Erbes geltend machten und es dem habsburgischen Besitz zuschlagen wollten. Nur ein Zweckbündnis mit dem preußischen König Friedrich II. konnte die Habsburger zur Strecke bringen, die zu diesem Zeitpunkt bereits bayerische Gebiete militärisch besetzt hatten. Nachdem im Frühjahr 1779 im Frieden von Teschen Kaiser Joseph II. von seinen Plänen weitestgehend wieder Abstand nahm, kehrte der Kurfürst sofort zu seiner Neutralitätspolitik zurück. Als Gegenleistung, dass Sachsen auf die eigenen Erbansprüche verzichtete, flossen der bedürftigen Staatskasse in den folgenden Jahren insgesamt sechs Millionen Gulden zu.
Dem Ausbruch der Revolution 1789 in Frankreich stand der Kurfürst äußerst reserviert und ablehnend gegenüber, zumal die Mutter des französischen Königs Ludwigs XVI. Prinzessin Maria Josepha von Sachsen (1731-1767) war, eine jüngere Schwester seines Vaters. Trotz alledem verharrte er auch gegenüber dem unruhigen Frankreich in seiner Neutralitatspolitik. Wie sehr er von der Notwendigkeit überzeugt war, sich aus internationalen Konflikten herauszuhalten, beweist die Tatsache, dass er selbst die ihm angebotene polnische Königskrone, die dann sogar erblich beim Haus Wettin verbleiben sollte, ablehnte. Sein Ur- und Großvater hatten noch viel Geld und

Zeit investiert, um die polnische Krone ihr eigen nennen zu können. Der jetzige Kurfürst erkannte, dass die polnische Krone Sachsen schon einmal fast in den Bankrott gestürzt hätte und lehnte derartige Bestrebungen deshalb konsequent ab.
Auswirkungen der französischen Revolution waren aber auch in Sachsen zu spüren. Diese zeigten sich im Sommer 1790 in der Lommatzscher Pflege, der „Kornkammer Sachsens“, als dort Bauernunruhen ausbrachen. Diese richteten sich nicht gegen die Obrigkeit, sondern gegen die ungerecht empfundenen hohen bäuerlichen Abgabe- und Dienstverpflichtungen. Der Kurfürst verlangte die Preisgabe der Rädelsführer, verpflichtete sich aber in einem Patent vom 28. August 1790 zugleich, die Beschwerden der Bauern gerecht prüfen zu lassen. Tatsächlich wurden später einige Klagen der Bauern zu ihren Gunsten entschieden. Dies brachte ihm bereits zu Lebzeiten den Beinamen „der Gerechte“ ein.

Kurfürst Friedrich August, der spätere König Friedrich August I.

Gemälde von Anton Graff 1795, (Katalogveröffentlichung Leipzig 1898).

Die politische Entwicklung in Europa hatte zur Folge, dass der strikte Neutralitätskurs des Kurfürsten nicht mehr aufrecht zu erhalten war. Sachsen musste sich den Verpflichtungen gegenüber Kaiser und Reich im 1. Koalitionskrieg (1792-1797) gegen Frankreich stellen. Bei den beiden folgenden Koalitionskriegen der Jahre 1798/99-1801 und 1805 konnte sich Sachsen dagegen erfolgreich heraushalten.
Schicksalhafte Ereignisse brachte das Jahr 1806 für die Sachsen. Preußen und Russland wollten Napoleon nun endlich in die Schranken weisen und benötigten dazu Unterstützung. Bis dahin gab es gute diplomatischen Beziehungen zwischen Frankreich und Sachsen, die der Neutralitätspolitik des Kurfürsten zu danken waren.

Preußen reagierte nun mit erheblichem Druck auf Sachsen und forderte dessen Waffenhilfe an. Da es am sächsischen Hof auch Stimmen für eine Anlehnung an Preußen gab, die gegen die Gefahr der Abhängigkeit von Frankreich ankämpfte, überzeugten sie den Kurfürsten letztlich, sich Preußen anzuschließen. So kam es, dass am 14. Oktober 1806 sächsische Truppen an der Seite der preußischen Regimenter in der Doppelschlacht von Jena und Auerstedt auf der Verliererseite gegen Frankreich standen. Das Kurfürstentum Sachsen wurde damit zum Spielball napoleonischer Machtpolitik. Obwohl Friedrich August III. sofort die Rückkehr seines Landes zur Neutralität erklärte, verhinderte dies nicht, dass sein Land noch im Oktober des Schicksalsjahres von französischen und Rheinbundtruppen besetzt wurde. Einmarsch und Besetzung wurden propagandistisch als „Befreiung vom preußischen Joch“ deklariert. Tatsächlich waren die Beziehungen zwischen Sachsen und Preußen gerade in der zweiten Hälfte des 18. Jahrhunderts sehr problematisch gewesen – erinnert sei an den erwähnten Beschuss Dresdens durch preußische Truppen, den die meisten Bürger noch nicht vergessen hatten. Als am 11. Dezember 1806 in Posen ein für Sachsen respektabler Friedensvertrag mit Frankreich zum Abschluss kam, schwenkte das Kurfürstentum, alternativlos, ganz in Richtung Frankreich: Sachsen trat dem bereits im Juli 1806 entstandenen Rheinbund bei und wie bereits vorher den Vettern in Bayern und Württemberg gestanden Napoleons Gnaden dem Kurfürsten den Königstitel zu. Am 20. Dezember 1806

Mit der Erhebung Sachsens zum Königreich wurde Dresden nun königliche Residenzstadt. Schon seit der Barockzeit entwickelte sich die Stadt zu einer der schönsten Metropolen Europas.

Stahlstich von H. Payne aus »Sachsen« Leipzig 1847.

wurde in Dresden die Erhebung Sachsens zum Königreich mit Bollerschüssen und Trommelwirbel von einem Herold verkündet. Binnen weniger Stunden schmückte sich Sachsens Hauptstadt aufs festlichste. Aus dem Kurfürsten Friedrich August III. wurde fortan König Friedrich August I. von Sachsen. Mit ihm beginnt damit die Reihe der eigentlich sächsischen Könige, nachdem vor ihm zwei sächsische Kurfürsten bereits die polnische Königskrone getragen hatten.

Bei den nun folgenden territorialen Neustrukturierungen Napoleons erhielt Sachsen den von Preußen abzugebenden Cottbuser Kreis als Ersatz für in Thüringen abgetretene Gebietsteile. Als „Geschenk" bekam der nunmehrige König das neu gegründete Großherzogtum Warschau, das aus preußischen und russischen Gebieten völlig neu geschaffen wurde. In Personalunion regierte der sächsische König ohne eigenes Zutun ein Territorium, um das Ur- und Großvater mit enormen finanziellem Aufwand gerungen hatten. Der neue sächsische König re- und agierte in den neuen Landesteilen jedoch mit äußerster Zurückhaltung. Das althergebrachte Verfassungswesen blieb unangetastet, die Finanzverwaltungen getrennt und im Großherzogtum Warschau achtete er genau darauf, dass alle Ämter nur mit Personen polnischer Nationalität besetzt wurden. Dem König war durchaus bewusst, dass das napoleonische Kartenhaus rasch in sich zusammenfallen könne und er dann erneut auf der falschen Seite stehen würde.
Nichtsdestotrotz stand der König nunmehr auf dem Höhepunkt seiner Macht. Das Herrschaftsgebiet war größer denn je zuvor, mit dem Kaiser der Franzosen stand er im Einvernehmen, der ihn im Sommer 1807 erstmals persönlich in Dresden besuchte. Und Napoleon sah auch, dass sich Friedrich August I. anders als andere deutsche Standesgenossen nicht um Bereicherungen im Zuge der französischen Eroberungen bemühte. Trotzdem war der sächsische König nicht frei, sondern genau genommen sein Vasall, denn Sachsen wurde wie andere Länder auch als Besatzungsgebiet behandelt. Das Land erhielt eine Verwaltungsstruktur nach französischem Muster und musste Kontributionszahlungen leisten, die in einer Höhe von 25 Millionen Franc sofort eingetrieben wurden und unter denen das Land auch in den folgenden Jahren bis zur Erschöpfung litt.
1813 stand Friedrich August nunmehr ein halbes Jahrhundert an der Spitze Sachsens. Sein 63. Geburtstag stand bevor – und eine schicksalhafte Wendung. Bis zur Jahreswende 1812/13 hatten bereits über 20.000 sächsische Soldaten ihr Leben in den russischen Weiten aufgrund der Bündnisverpflichtungen ihres Königs verloren. Kaiser Napoleon hatte schon im Dezember 1812 Russland verlassen und dabei den sächsischen König in Dresden kurz besucht, um ihn an seine Treuepflichten zu erinnern. Für

diesen war klar, dass Sachsen damit zum zentralen Entscheidungsort des Krieges werden würde. Sachsen wurde zum Operationsgebiet der Franzosen und der Alliierten und damit zum wichtigsten Kriegsschauplatz. Friedrich August I. bemühte sich, weder für die eine noch die andere Seite eindeutig Partei zu ergreifen. Eine Aufforderung Napoleons, nach Frankfurt am Main zu kommen, ignorierte er, stattdessen suchte er in Prag Zuflucht. Dort verhandelte er insgeheim mit dem österreichischen Kaiser über einen Wechsel der Fronten. Ein Ultimatum des französischen Kaisers zwang den König jedoch unvermittelt zur Rückkehr nach Dresden, da die Gefahr bestand, dass Sachsen als französisches Feindesland betrachtet würde. Hier in seiner Hauptstadt war der König seiner Handlungsfreiheit nun völlig beraubt. Er konnte nur noch den Lauf der Dinge abwarten. Umständehalber, von Fürst Metternich über die Lage informiert, begab er sich Anfang Oktober 1813 nach Leipzig zum aktuellen Kriegsschauplatz. Hier erwartete man die Entscheidungsschlacht. Wenige Tage zuvor hatten sich der bayerische und württembergische König, fernab vom Kriegsgeschehen, von ihrem „Königsmacher" losgesagt und sind zur Seite der Alliierten übergetreten. Friedrich August I. dagegen musste tatenlos die Entscheidung der „Völkerschlacht" abwarten, die sein und das Schicksal seines Landes bestimmen würde.

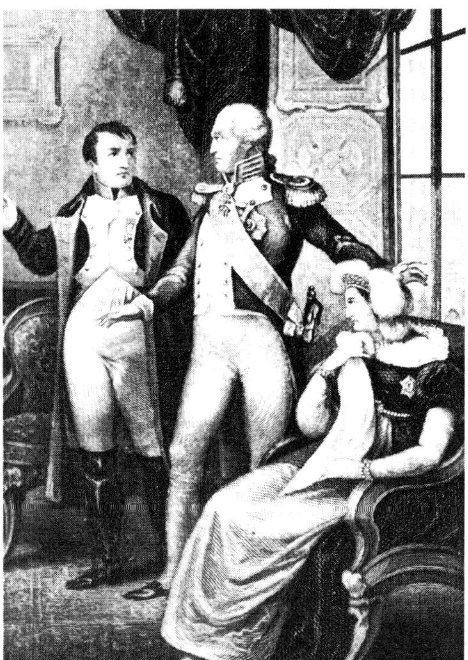

Kaiser Napoleon I. ermahnt in Dresden König Friedrich August 1812 zur Bündnistreue.

Stahlstich aus der „Geschichte des Sächsischen Volkes und Staates", Leipzig 1862.

Die Niederlage Napoleons machte den sächsischen König zum Kriegsgefangenen. Am 23. Oktober 1813 überführte man ihn in die preußische Hauptstadt. Im Juli 1814 wurde ihm Schloss Friedrichsfelde vor den Toren Berlins als Wohnsitz zugewiesen. Sachsen wurde „Generalgouvernement" und stand unter der Verwaltung eines russischen Fürsten. Im Wiener Kongress war Sachsen lediglich noch Verhandlungsobjekt und musste letztlich zwei Drittel seines Grundbesitzes und damit etwas weniger als die Hälfte seiner Gesamtbevölkerung an die preußische Provinz Sachsen abtreten. Dass das Land des sächsischen Königs nicht ganz an Preußen fiel, war machtpolitischen Zwängen Österreichs und Frankreichs zu verdanken, die ihm eine vollständige Annexion Sachsens nicht gönnten. So ist überliefert, dass der französische König Ludwig XVIII., der Bruder des 1793 hingerichteten Ludwigs XVI. und Sohn von Maria Josepha von Sachsen, seinem Außenminister Charles-Maurice de Talleyrand nach Wien einen Brief schrieb und ihn aufforderte: „Vous devez sauver mes cousins a Dresden!" (Sie müssen meine Cousins in Dresden retten!). Tatsächlich konnte die endgültige Einnahme Sachsens durch die Preußen verhindert werden. Am 18. Mai 1815 unterzeichnete Friedrich August I. in Preßburg den Friedensvertrag, wohl wissend, dass ihm keine andere Wahl blieb. Zeitgleich erklärte er damit den Beitritt Restsachsens, des Königreichs Sachsens, zum Deutschen Bund. Am 7. Juni 1815 kehrte der König nach Dresden heim. Die Dresdner bereiteten ihm einen würdigen Empfang. Immerhin waren sie nicht ins „preußische Joch" wie viele ihrer ehemaligen Mitbürger der jetzigen preußischen Provinz Sachsen überführt worden. Der König musste sich wieder, wie einst als junger Kurfürst, um die Bewältigung der Kriegsfolgen in seinem jetzt kleinsten deutschen Königreich kümmern. Zu einer Reformära war er nicht bereit und regierte im altbekannten Stil. Einer fortschrittlichen Verfassungsgebung, die die Bundesakte von 1815 ermöglicht hätte, verweigerte er sich. So blieben die letzten zwölf Jahre seiner Regierung ohne nennenswerte politische Ereignisse. Am 5. Mai 1827 verstarb der erste sächsische König im Alter von 76 Jahren nach einer insgesamt 59jährigen Regentschaft als Kurfürst und König. Seine letzte Ruhe fand er in der Familiengruft in der katholischen Hofkirche in Dresden.

König Anton, der Gütige

König Anton gehört bis heute zu den eher weniger bekannten sächsischen Monarchen. Als viertes Kind des Kurprinzen Friedrich Christian am 27. Dezember 1755 geboren, war es sehr unwahrscheinlich, dass er einst als Thronfolger überhaupt in Frage kommen würde. Seine Lebensaufgabe soll te ihn eher in den geistlichen Stand führen. In der heiligen Taufe erhielt er die Namen Anton Clemens Theodor Maria Joseph Johann Evangelista Johann Nepomuk Franz Xaver Aloys Januar. Der frühe Tod des Vaters und zweier älterer Brüder drängten ihm aber die Sicherung der Dynastie auf, zumal sein ältester Bruder Kurfürst Friedrich August III. ebenfalls noch keinen erbberechtigten Sohn hatte. Am 24. Oktober 1781 heiratete er die Tochter des Königs Viktor Amadeus III. von Sardinien, die Prinzessin Maria Charlotta Antonietta von Savoyen. Aber das Glück währte nur kurz, bereits am 28. Dezember 1782 starb seine Gemahlin an den Pocken. Erst fünf Jahre später entschloss sich Anton zu einer weiteren Ehe. Die Wahl fiel auf Erzherzogin Maria Therese von Österreich-Toskana, womit zugleich die guten verwandtschaftlichen Beziehungen zwischen den Häusern Habsburg und den Wettinern gefestigt wurden. Als Tochter des späteren Kaisers Leopold II. brachte die Angeheiratete dem Kurstaat Ansehen und Einfluss mit. Eine außergewöhnlich hohe Mitgift und eine Apanage des sächsischen Staates für Anton machten das Paar finanziell unabhängig. Auf der als recht glücklich bezeichneten Ehe lag jedoch ein Schatten: Keines der insgesamt vier Kinder überlebte das zweite Lebensjahr. Als Ziehkind nahm das sehr religiöse Paar deshalb Prinzessin Amalie, die Tochter seines jüngeren Bruders Maximilian, bei sich auf. Indessen hielt sich das Kronprinzenpaar, das in Dresden das Taschenbergpalais bewohnte, von politischen Aktivitäten sehr zurück. Anton hatte ein Talent fürs Komponieren, betrieb genealogische Studien und nahm lediglich die notwendigen gesellschaftlichen Pflichten wahr.

König Anton

Lithographie von F. Lieder, 1823.

Als im Mai 1827 König Friedrich August I. verstarb wurde entsprechend der Erbfolge sein inzwischen über 70-jähriger Bruder Anton der rechtmäßige zweite Sachsenkönig. In seiner ersten Proklamation äußerte er, dass er alles so „fortbestehen lassen" wolle, wie es sein Vorgänger angeordnet hatte. Trotzdem spürte man doch bald den einen und anderen Kurswechsel. Die sogenannte „Lehnsmuthung", eine beim Thronwechsel fällige Abgabe des Landadels, der Städte, Ritter- und Bauerngüter, hob er ersatzlos auf. Eine weitere Maßnahme stimmte die Bauern hoffnungsvoll: So bald die von Wildschäden betroffenen Bauern den König über derartige Vorfälle ausreichend informierten, ließ er in den königlichen Wäldern das Jagdwild konsequent abschießen. Auf seinen nach der Thronbesteigung begonnenen Rundreisen verzichtete er meist auf Geleitzüge, Feste und Gaben der Gemeinden. Er forderte diese auf, das gesparte Geld z. B. lieber in den Straßenbau zu investieren. Anton galt als zugänglicher Monarch und die zugunsten der Bevölkerung erwiesenen Bemühungen ließen ihm den Beinamen „der Gütige" zukommen. Anton beließ anfangs die Regierungsgeschäfte in den Händen der alten „Mannschaft" unter der Leitung des Grafen Detlef von Einsiedel. Ihm fehlte, wohl auch altersbedingt, die Entschlossenheit, selbst führend in die Regierungsgeschäfte einzugreifen. Persönlich erschwerend kam hinzu, dass noch auf der Huldigungsreise am 7. November 1827 seine zweite Frau Therese in Leipzig verstarb.

Nicht unerwähnt soll bleiben, dass König Anton die Aufwertung des alten sächsischen Militär-St.-Heinrichs-Ordens veranlasste. Der Orden, der bis heute ein traditionsreicher Bestandteil der sächsischen Geschichte ist, wurde ursprünglich am 7. Oktober 1736 auf dem sächsischen Schloss Hubertusburg durch den Kurfürsten Friedrich August II. (als König von Polen-Litauen August III.) gestiftet. Damit ist er der älteste ritterliche Verdienstorden im Heiligen Römischen Reich Deutscher Nation. Er wurde nur äußerst selten an besonders um das Kurfürstentum Sachsen verdiente Persönlichkeiten verliehen. König Anton von Sachsen stiftete dem Orden am 23. Dezember 1829 u. a. neue Klassen hinzu. Auf den König geht auch die Festlegung der in ihren Grundzügen bis 1918 bestehenden Ordensstatuten zurück, die den Ordensrittern z. B. eine rechtliche Sonderstellung garantierten. Der St.-Heinrichs-Orden ist dem heute etwas bekannteren königlich-preußischen Orden „Pour le Mérite" übrigens gleichrangig.

Politische Aktivität gewann König Anton erst im Nachgang zur französischen Julirevolution des Jahres 1830, die sich auch auf Sachsen auswirkte. Anfang September 1830 kam es in Leipzig zu Unruhen, die sich zwar nicht gegen den König richteten, aber gegen die Vertreter der unbeliebten Beamtenschaft der Stadt. Eine Bürgerwehr unter Beteiligung der Leipziger Studenten brachte zwar das öffentliche Leben in der Messestadt wieder in ruhiges Fahrwasser, aber die Unruhen waren bereits auf Dresden und andere wichtige sächsische Städte übergesprungen. Es wurden u. a. Forderungen nach der Einführung einer Verfassung, einem Staatshaushaltplan und der Gewährung der Pressefreiheit artikuliert. Außerdem gab es den Wunsch, dass König Antons Neffe Friedrich August den sächsischen Thron besteigen solle. Dieser Königsproklamation verweigerte sich Friedrich August jedoch, denn er wollte diese Demütigung seinem Onkel ersparen. Der „Geheime Rat" griff dann dieses Begehren derart auf, dass Friedrich August zum Mit-

regenten Antons ernannt werden solle, wenn dessen Vater Maximilian, der formal in der Thronfolge König Anton nachfolgen würde, zustimmt. König Anton besprach mit seinem Bruder im Pillnitzer Schloss die Umsetzung dieser Pläne. Maximilian stimmte letztlich dem eigenen Verzicht auf die Thronfolge zu. Sein Sohn Friedrich August wurde nun zum Mitregenten ausgerufen und alle Verfügungen des Königs mussten künftig vom diesem gegengezeichnet werden, um rechtsverbindlich zu werden.
Die kommenden Monate waren ganz der Umgestaltung Sachsens gewidmet, die der neue leitende Minister Bernhard August von Lindenau gemeinsam mit Friedrich August voranbrachte. Zügig wurde an der Verfassung gearbeitet, deren Annahme am 4. September 1831 mit Salutschüssen, Festgottesdiensten und Volksfesten gefeiert wurde. Wenig später kam es zur Auflösung des „Geheimen Rates", den eine Kabinettsregierung ersetzte. Sechs getrennte Ministerien waren nun für die Innen- und Außenpolitik, die Finanzen, die Justiz, den Kultus, den Krieg und den öffentlichen Unterricht zuständig. Den Reformprozess leitete maßgeblich Friedrich August als Mitregent. Das beeinflusste das loyale Verhältnis zwischen Onkel und Neffe jedoch nicht. König Anton blieb trotzdem unumstrittener Monarch und Familienoberhaupt des Königshauses. Der alternde Monarch kümmerte sich um die Familienbande, politische Belange blieben weitestgehend außen vor. Seinen 80. Geburtstag feierte man im ganzen Land ausgiebig. Nach längerer Krankheit starb König Anton am 6. Juni 1836 und wurde in der Dresdner Hofkirche beigesetzt.

König Friedrich August II.

Friedrich August Albert Maria Clemens Joseph Vincenz Aloys Nepomuk Johannes Baptista Nicolaus Raphael Peter Xaver de Paula Venantius Felix von Sachsen, so sein vollständiger Taufname, erblickte am 18. Mai 1797 in Schloss Pillnitz bei Dresden das Licht der Welt. Sein Vater Maximilian war der jüngste Bruder des regierenden Kurfürsten und späteren Königs Friedrich August I. Die Mutter, Caroline Maria Theresia von Parma und Infantin von Spanien, hatte 1792 nach Sachsen eingeheiratet. Das Familienleben galt als sehr glücklich. Friedrich August hatte noch sechs weitere Geschwister, darunter der 1801 geborene Johann, der später ihm auf dem Thron nachfolgen sollte.
Vater Maximilian galt als ausgesprochen intelligenter Mensch, der seine Fähigkeiten an seine Kinder weitervererbte. Der Erziehungsplan seiner Kinder umfasste nicht nur die üblichen Fächer wie Religion, Sprachen und andere wissenschaftliche Fächer, sondern auch Zeichnen und Musik. Gerade bei letzteren entwickelte Friedrich August eine besondere Kreativität,

die er bis an sein Lebensende beibehielt. Napoleons Wirken um die Vormachtstellung in Europa prägte die frühe Jugendzeit des Prinzen. Friedrich August wurde Soldat und stieg bis 1815 in die höchste Position auf, die das Land vergeben konnte. Trotz der Wertschätzung, die Napoleon 1807 dem Prinzen in Dresden entgegenbrachte, stand letzterer im Frühjahr 1815 gegen Frankreich und zog als 18-jähriger Oberst mit den siegreichen Truppen in Paris ein. 1818 wurde er bereits zum Generalmajor befördert. Er nutzte und liebte seine musischen Neigungen, war aber auch gern Soldat und allem Militärischen gegenüber aufgeschlossen. 1828 ernannte ihn König Anton zum Generalmajor und zwei Jahre später avancierte er zum Oberbefehlshaber der sächsischen Armee. Als klar geworden war, dass er später mangels anderer Agnaten den sächsischen Thron besteigen würde, setzte er seine Ausbildung unter diesem Aspekt zielstrebig fort und begab sich auf die üblichen Bildungsreisen. Sie führten ihn zwischen 1824 und 1828 nach Holland, Belgien, Frankreich und natürlich Italien. Hier brachte er es zu großer Geschicklichkeit im Zeichnen von Landschaften. Sein weiteres Interesse galt der Naturkunde, besonders der Botanik. Er unternahm ausgedehnte Forschungsreisen, z. B. ins Erzgebirge und nach Böhmen. Ergebnis waren kleinere schriftliche Abhandlungen, die zum Teil auch veröffentlicht wurden.

König Friedrich August II. von Sachsen

Stahlstich aus »Die Geschichte Sachsens«, Leipzig 1842.

Nicht so glücklich gestaltete sich das familiäre Wohl. Am 7. Oktober 1819 heiratete er die Erzherzogin Marie Caroline von Österreich, die 1801 geborene Tochter Kaiser Franz I. von Österreich. Die Verbindung zum höchsten Herrschergeschlecht des ehemaligen Heiligen Römischen Reichs Deutscher Nation sollte Glanz nach Sachsen zurückbringen. Allerdings war es keine beneidenswerte Ehe. Zum einen blieb der erhoffte Kinderwunsch aus, zum anderen litt die Prinzessin unter Epilepsie und konnte ihren Repräsentationspflichten nur eingeschränkt nachgehen. Am 22. Mai 1832 starb sie in Pillnitz

nach längerem Siechtum. Schon im darauf folgenden Jahr vermählte er sich aufs Neue. Die Braut war die 1805 geborene Prinzessin Maria von Bayern, die durch ihre „ausgezeichneten Eigenschaften des Geistes und des Herzens", wie der damalige Staatsminister Hans Georg von Carlowitz äußerte, hervorstach und „für eine glückliche Zukunft" bürge. Obwohl die Ehe auf der Grundlage der gemeinsamen Interessen glücklich war, überschattete sie doch erneute Kinderlosigkeit. So war es nur ein schwacher Trost, dass die reiche Kinderschar seines jüngeren Bruders Johann den Fortbestand der Königsdynastie zu sichern schien.
Friedrich August wurde zeitig durch seinen Onkel auf die künftige Regierungsübernahme vorbereitet. Seit 1819 nahm er an den Sitzungen des „Geheimen Rates" und anderer sächsischer Staatsbehörden teil. Ende 1821 wurde er ordentliches Mitglied des „Geheimen Rates" mit Sitz und Stimme. Eigentliche Freude fand er im Zusammensein mit Künstlern und Gelehrten seiner Zeit, so z. B. dem Mineralogen Heinrich Gottlieb Reichenbach, dem Astronomen Friedrich Ludwig Breuer, dem Dichter Ludwig Tieck und den Komponisten Carl von Miltitz und Carl Maria von Weber. 1825 war es ihm eine Ehre, den Vorsitz des neu gegründeten „Vereins zur Erforschung und Erhaltung vaterländischer Altertümer im Königreich Sachsen" zu übernehmen.
Der Tod des ersten sächsischen Königs im Jahre 1827 veränderte das Leben des Prinzen. Nachfolger wurde zwar König Anton, da dieser aber bereits im 72. Lebensjahr stand und politisch als unerfahren galt, wurde Friedrich August zeitig zur praktischen Regierungsarbeit hinzugezogen. Infolge der bereits geschilderten Vorgänge des Jahres 1830 ernannte König Anton den Prinzen zum Mitregenten, nachdem dessen Vater Maximilian offiziell auf die ihm zustehende Thronfolge verzichtet hatte. Die Jahre der Mitregentschaft gestaltete Friedrich August wesentlich. Die Verkündigung der neuen sächsischen Verfassung, die Reformierung der Staatsbehörden und die strikte Trennung von Staatshaushalt und Hofhaltung sind auf sein Wirken zurückzuführen. König Anton zog sich mehr und mehr zurück und der Mitregent hatte de facto somit seit 1831 die Geschicke des Landes in seiner Hand zusammengeführt. Der Tod König Antons im Jahre 1836 änderte am politischen Umfeld in Sachsen nichts, aus dem bisherigen Mitregenten wurde der König, der als Friedrich August II. den sächsischen Thron bestieg.
Die ersten Jahre seiner Regierung waren darauf gerichtet, ein gedeihliches Miteinander zwischen Fürst und Volk, zwischen Regierung und Land, herzustellen. Viele Jahre funktionierte dieses Prinzip, bis es in den 1840er Jahren zu Fall kam. Mit der Regentschaft König Friedrich Augusts II. ist eine kulturelle Blüte Sachsens verbunden, die zu seinen unbestreitbaren Leistungen bis heute zählen. An den Berufungen von Ludwig Richter, Ernst

Rietschel und Gottfried Semper an die sächsische Kunstakademie war er maßgeblich beteiligt. Mit dem neuen Hoftheater und der Galerie in Dresden setzte er neue bauliche Akzente. Musiker wie Carl Maria von Weber, Richard Wagner, Felix Mendelssohn-Bartholdy und Robert Schumann waren untrennbar mit der sächsischen Metropole verbunden, Dresden avancierte damit zum musikalischen Zentrum ganz Deutschlands.
In großen Schritten ging die Entwicklung Sachsens fort: 1837 fuhren die ersten Dampfschiffe auf der Elbe, 1839 wurde die erste längere deutsche Bahnverbindung zwischen Leipzig und Dresden eröffnet. Gern nutzte der sächsische König diese modernen Verkehrsmittel. Die neue Zeit, geprägt von der industriellen Revolution, verschärfte aber zugleich die sozialen Unterschiede und führte zu politischen Konflikten und Veränderungen, denen der König nicht in gebührendem Maße gewachsen war. An der zunehmenden parteipolitischen Polarisierung, die in der sächsischen Kammer spürbar wurde, scheiterte der als liberal geltende Staatsminister von Lindenau. Im September 1843 entließ ihn der König und ernannte den als konservativ geltenden bisherigen Justizminister Julius von Könneritz zum Nachfolger. Der politische Kurs seiner Regierung verstärkte jedoch die allgemeine Unzufriedenheit. Es fehlte nur der Funke, der das Pulverfass zur Explosion bringen würde. Der fand sich in des Königs Ablehnung des Grundrechtekatalogs, den die so genannte Frankfurter Paulskirchenversammlung als Bestandteil der ersten deutschen Verfassung zusammengestellt hatte. Da diese Verfassung allein auf dem Fundament der Volkssouveränität entwickelt wurde, also mit den Fürsten nicht vereinbart wurde, blieb der König bei seiner Meinung und verbot die verbindliche Anerkennung für Sachsen. Dem Innenminister untersagte er ausdrücklich die Publikation der Grundrechte, obwohl das der sächsische Landtag forderte. Ende Februar 1849 trat die Regierung zurück und König Friedrich August II. ernannte eine neue. Nichtsdestotrotz drängten die sächsischen Revolutionäre den König mit stärker werdendem Druck zur Anerkennung der Reichsverfassung. Als in Dresden plötzlich das Gerücht umging, dass preußische Truppen im Anmarsch seien, begannen Dresdner Bürger mit dem Bau von Barrikaden und Verteidigungsanlagen. Zugleich wurde die Belagerung des Schlosses organisiert. In der Nacht zum 4. Mai 1849 nutzten König, Königin und einige Regierungsmitglieder die vermutlich letzte Chance zur Flucht aus Dresden. Mit einem an der Elbe bereit liegendem Schiff fuhren sie in Richtung Königstein, um die nächsten Wochen auf der als uneinnehmbar geltenden Festung zu verbringen. Vorher hatte der König per Eilbrief beim preußischen König um militärische Hilfe gebeten und preußische Soldaten zur Niederschlagung des Aufstandes angefordert. Am 5. Mai trafen die ersten preußischen Truppenteile ein, aber schon vorher hatten die königstreu

en sächsischen Einheiten mit der Niederwerfung des Aufstandes begonnen. Viereinhalb Tage kämpften sie um die Hauptstadt, dessen blutiges Ergebnis 200 Tote und die doppelte Anzahl an Verwundeten auf der Seite der Aufrührer war, während die preußisch-sächsischen Truppen lediglich 31 Tote zu beklagen hatten. Indessen verweilten das Königspaar, die Familie des Prinzen Johann und Regierungsmitglieder weiter auf dem Königstein. Das Hofleben wurde dort, soweit möglich, aufrechterhalten. Noch Ende Mai ließ der König Kunstgüter aus dem „Grünen Gewölbe" auf die Festung bringen. Erstmals verließ er am 5. Juli die Festung, um bei Schloss Pillnitz die Abschiedsparade der preußischen Truppen abzunehmen und den „königlichen Dank" mit auf den Weg zu geben. Erst zehn Tage später kehrte er kurz wieder nach Dresden zurück. Das Ansehen der sächsischen Monarchie hatte zu diesem Zeitpunkt durch das Verhalten des Königs in den Revolutionstagen schweren Schaden genommen. Im Land wurden immer wieder Forderungen nach der Absetzung des Königs, wenn nicht sogar nach der gänzlichen Abschaffung der Monarchie laut. Nach der Niederschlagung des Dresdener Aufstandes konnte davon zwar keine Rede mehr sein, aber die großen Hoffnungen, die man einst in diesem König gesehen hatte, waren inzwischen weitestgehend verspielt. Wenigstens sorgte Friedrich August dafür, dass keines der nach dem Maiaufstand schnell verhängten Todesurteile vollstreckt wurde. Trotzdem gab es viele lebenslängliche oder langjährige Freiheitsstrafen. Die beiden berühmtesten Dresdner wurden steckbrieflich gesucht, denn es gelang ihnen rechtzeitig die Flucht: Richard Wagner und Gottfried Semper. Weniger Glück hatte der mit Wagner befreundete Dresdner Kapellmeister August Röckel. Seine lebenslängliche Haftstrafe musste er 13 Jahre lang im berüchtigten Zuchthaus Waldheim absitzen.
Innenpolitisch wurde unter der Leitung Ferdinand von Beusts ein harter Kurs gefahren. Als der Landtag sich weigerte, einer Abänderung des 1848 erstrittenen allgemeinen und direkten Wahlrechts zuzustimmen, wurde der Landtag kurzerhand aufgelöst und der ständische Landtag des Vormärz wieder einberufen. Doch auch am König selbst war die Revolution nicht spurlos vorübergegangen. Die Tage des Aufstandes ließen ihn um Jahre altern und ergrauen. Zunehmend bestimmten melancholischen Stimmungen sein Gemüt, die zu depressiven Anfällen anwuchsen. Zwar übte sich Friedrich August in Selbstdisziplin und Pflichtbewusstsein, öffentliche Auftritte fielen ihm aber immer mehr zur Last. Erholung suchte er auf längeren Reisen, die ihn vor allem in die Tiroler Berge, nach Oberitalien und in südliche Gefilde führten. Im Sommer 1854 begab er sich zunächst mit seiner Gemahlin Maria nach München. Dort besuchte das Königspaar die deutsche Industrieausstellung. Danach reiste Königin Maria weiter zur

bayerischen Verwandtschaft nach Possenhofen, während der König sich auf eine Reise nach Tirol begab, um dort Landschaftsstudien zu betreiben und seine botanischen Sammlungen zu vervollständigen. Am 9. August brach er mit einem leichten Kutschwagen ins Pitztal auf. In einer schmalen Kurve unterhalb des Ortes Brennbichl kam es zu einem dramatischen Unglück: Der Wagen kippte und die Insassen wurden herausgeschleudert. Den König traf es dabei dermaßen unglücklich, dass er von einem Hufschlag des scheuenden Pferdes am Hinterkopf schwer verletzt wurde. Während die Mitfahrenden, Flügeladjutant, Diener und Kutscher fast unverletzt den Unfall überstanden und aufstehen konnten, blieb der König bewusstlos liegen. Die Anwesenden trugen ihn rasch in einen Gasthof in Brennbichl und riefen einen Arzt herbei. Dieser erkannte die lebensbedrohende Verletzung des Königs und ließ den Ortsgeistlichen holen. König Friedrich August II. erhielt die Sterbesakramente und verschied weniger als eine Stunde nach dem Unfall. Die Obduktion zeigte später eine Zersplitterung der Hirnschale und die damit verbundene schwere Verletzung des Gehirns. Noch am gleichen Abend traf die telegraphische Nachricht in Dresden ein und Prinz Johann übernahm die Regierungsgeschäfte. Der königliche Leichnam wurde einbalsamiert und nach Dresden überführt. Dort fand dann die Trauerfeier und anschließende Beisetzung in der Hofkirche statt.
In Brennbichl wurde am ersten Jahrestag des Unglückes der Grundstein zu einer Gedächtniskapelle gelegt, deren Außenbereich nach 1945 zur Begräbnisstätte der Wettiner Albertinischer Linie wurde. Im Testament Friedrich Augusts, niedergeschrieben vier Monate vor seinem Tod, vergab er all denen, die ihn im Leben „betrübt und gekränkt" hatten. Und weiter führte er aus: „Möge Gott denen verzeihen, die es absichtlich getan, und möge er ihre Herzen lenken, daß sie einsehen ihre Schuld." Diese Worte zeigen, dass der König seelisch nicht in der Lage war, die Revolutionstage zu überwinden oder zu bewältigen. Allerdings muss aus heutiger Sicht auch bedacht werden, dass der König in einer Zeit geboren wurde, die den Monarchen noch das Vollgefühl ihrer von Gott verliehenen Königswürde vermittelt hatte.

König Johann

Johann Nepomuk Maria Joseph Anton Xaver Vincenz Aloys Franz de Paula Stanislaus Bernhard Paul Felix Damasus wurde am 12. Dezember 1801, 10 Minuten nach Mitternacht, als dritter Sohn des Prinzen Maximilian und seiner Gemahlin Caroline, Tochter Ferdinands I. von Parma, in Dresden geboren. Da die Ehen der königlichen Vorgänger entweder kinderlos oder ohne männliche Nachkommen waren, wurde Prinz Johann gemeinsam mit

König Johann von Sachsen

nach einem Gemälde eines unbekannten Meisters.

seinen beiden älteren Brüdern Friedrich August und Clemens so erzogen, dass er eine eventuelle Thronfolge antreten könnte. Die umfasste die allgemeine Erziehung, die Schulbildung, die militärische Ausbildung und die Bildungsreisen zu den deutschen und europäischen Fürstenhöfen. Latein und Griechisch gehörten ebenso zum Unterricht wie sieben moderne europäische Sprachen, z. B. Englisch, Französisch und Italienisch. Einen nachhaltigen Eindruck gewann er auf seiner ersten Italienreise 1821/22. In Pavia erwarb er eher zufällig eine Ausgabe von Dante Alighieris „Göttlicher Komödie", die er, nach Dresden zurückgekehrt, übersetzte. 1826 legte er die ersten Übersetzungsergebnisse einer Abendgesellschaft vor, die sich bald regelmäßig traf und sich ab 1832 als „Academia Dantesca" bezeichnete. Die fruchtbringende Arbeit in diesem Kreis führte zur Herausgabe eines Kommentars zur dreibändigen Ausgabe der „Göttlichen Komödie", die in den folgenden Jahrzehnten veröffentlicht wurde. Die kommentierte Übersetzung, die seit 1828 unter dem Pseudonym „Philalethes" (Freund der Wahrheit) erschien, gehört bis zum heutigen Tag zu den wissenschaftlich besten Werken im deutschen Sprachraum. So nimmt es nicht Wunder, dass Prinz Johann ein gern gesehener Mitstreiter in den verschiedensten Akademien war. Insgesamt war er in 30 wissenschaftlichen Gremien entweder Mitglied oder wenigstens Ehrenmitglied. Prinz Johann galt als „der Gelehrte" im Bund der europäischen Fürstenhäuser. Als im Januar 1822 sein Bruder Clemens starb war sicher, dass er zur Nachfolge seines älteren Bruders berufen war. Noch vor Vollendung des 21. Lebensjahres vermählte er sich

am 21. November 1822 mit der bayerischen Prinzessin Amalie Augusta, der Tochter des bayerischen Königs Maximilian I. Joseph. Der Ehe entsprossen insgesamt neun Kinder, drei Knaben und sechs Mädchen.
Ebenso wie sein Bruder charakterisierte ihn eine tiefe Frömmigkeit. Dazu kam seine feste Überzeugung vom Gottesgnadentum, die ihm verinnerlichte, dass die bestehende Ordnung gottgewollter Natur ist.
1829 wurde an Johann die Kandidatur für den griechischen Königsthron herangetragen, nachdem der griechische Unabhängigkeitskampf mit der Unterstützung Frankreichs, Englands und Russlands zum Erfolg führte. Das verlockende Angebot schlug er jedoch in Anbetracht der bei ihm und seinem Sohn liegenden sächsischen Thronfolge aus, so dass letztlich Otto von Wittelsbach zum griechischen König gewählt wurde.
Innenpolitisch lag dem Prinzen an der inneren Ausgestaltung des Deutschen Bundes, in den er hineingeboren war. Feste Begriffe waren für ihn die Souveränitätsrechte der dazugehörigen Bundesstaaten, aber auch der föderale Gedanke des Miteinanders in Deutschlands Grenzen. Ihm lag an der Pflege der verwandtschaftlichen Beziehungen zu den Habsburgern, den Wittelsbachern, den Hohenzollern und den anderen Fürstenhöfen, die er regelmäßig zum Gedankenaustausch auf seine Schlösser in Weesenstein oder Pillnitz einlud.
Auf Schloss Weesenstein erreichte ihn in der Nacht vom 9. auf den 10. August 1854 die Nachricht vom Unglückstod seines Bruders in Brennbichl. Johann war auf die Übernahme der sächsischen Krone ausreichend vorbereitet. Die Regierungsgeschäfte nahm er sehr ernst. Regelmäßig führte er Besichtigungsreisen im Land durch. Zwischen 1855 und 1872 sind 16 derartige Reisen überliefert und ausführlich dokumentiert. In konzentrierter Arbeit, unterstützt von einer Reihe von ihm verfasster Denkschriften, ebnete er Sachsen den Weg zum modernen Staat. Zur Vereinheitlichung des Rechtssystems innerhalb der Grenzen des Deutschen Bundes trugen ein neues Strafgesetzbuch für Sachsen (1855), die Vereinheitlichung des Maß- und Gewichtswesens (1855), die Einführung des deutschen Handelsgesetzbuches (1861) und das Bürgerliche Gesetzbuch für Sachsen (1863) bei.
Zu den wichtigsten, durchaus schwer errungenen politischen Entscheidungen seiner Regierungszeit zählt zweifellos der Beitritt des Königreiches zum Norddeutschen Bund unter Preußens Vorherrschaft. Dabei lag ihm anfangs eigentlich daran, eine vermittelnde Position zwischen Österreich und Preußen zu finden, um so die Reformfähigkeit des alten Deutschen Bundes tatkräftig zu unterstützen. König Johann favorisierte das föderale Prinzip, während die deutsche Nationalbewegung gemeinsam mit Preußen einen zentralistischen Weg einschlagen wollte. Auf dem Frankfurter Fürstentag im August 1863 sollten diese Dinge erörtert werden. König Johann lud dazu

den preußischen König Wilhelm I. persönlich ein. Die Zusammenkunft vermochte der preußische Ministerpräsident Otto von Bismarck mit seiner Macht und Geschicklichkeit jedoch zu verhindern, wohlwissend, dass sein König wohl schwach geworden wäre. Bismarck setzte auf eine andere Lösung, die den deutsch-deutschen Krieg 1866 heraufbeschwor. Es war eine der schmerzlichsten Niederlagen, die König Johann hinnehmen musste. Nach der militärischen Niederlage Österreichs und seiner Verbündeten musste Sachsen dem Norddeutschen Bund unter Preußens Führung beitreten. König Johann versuchte, sich der neuen Situation zu stellen und bemühte sich wenigstens, in der neuen deutschen Verfassung föderale Aspekte einzubringen, soweit dies möglich war.
Als das Königspaar Johann und Amalie Auguste im Jahr nach der Versailler Reichsgründung Goldene Hochzeit feierten, lebten noch ihre beiden Söhne Albert und Georg sowie Tochter Elisabeth, die mit Ferdinand von Sardinien verheiratet war. In den letzten Jahren litt König Johann schwer an Asthma. Sein Leben endete am 29. Oktober 1873 in Schloss Pillnitz infolge von Kreislaufbeschwerden. Wenige Tage später wurde er unter großer Anteilnahme der Bevölkerung in der Gruft der katholischen Hofkirche in Dresden beigesetzt.
Ihm zu Ehren trägt seit 1877 ein Dresdner Stadtteil den Namen „Johannstadt". 1889, im Jahr der 800-Jahr-Feier des Hauses Wettin, weihten die Dresdner auf dem Theaterplatz sein Reiterstandbild ein.
In König Johann verkörperte sich ein dreiviertel Jahrhundert deutscher und europäischer Geschichte. Möglicherweise darf in ihm, zieht man ein Resümee seines komplexen politischen und kulturgeschichtlichen Wirkens, der bedeutendste Wettiner auf dem sächsischen Königsthron gesehen werden.

König Albert

Am 23. April 1828 erblickte Friedrich August Albert Anton Ferdinand Joseph Carl Maria Baptist Nepomuk Wilhelm Xaver Georg Fidelis in Dresden als erster Sohn des späteren Königs Johann und seiner Gemahlin Amalie Auguste von Bayern das Licht der Welt. Eigentlich war er zu dieser Zeit als Großneffe des regierenden Königs Anton in der Thronfolge an hinterer Stelle, denn es standen der Bruder Maximilian des kinderlosen Königs sowie dessen Söhne Friedrich August und Johann noch vor ihm. Eine Thronfolge galt also eher als unwahrscheinlich, so dass der Prinz die für Thronerben angemessene klassische staatswissenschaftliche Ausbildung nicht durchlief. Priorität hatte seit seinem 11. Lebensjahr die militärische Ausbildung. 1843, gerade 15-jährig, beförderte man ihn zum Leutnant im Leibinfanterieregiment. Mit Leib und Seele war Albert Soldat und fand darin seinen ide-

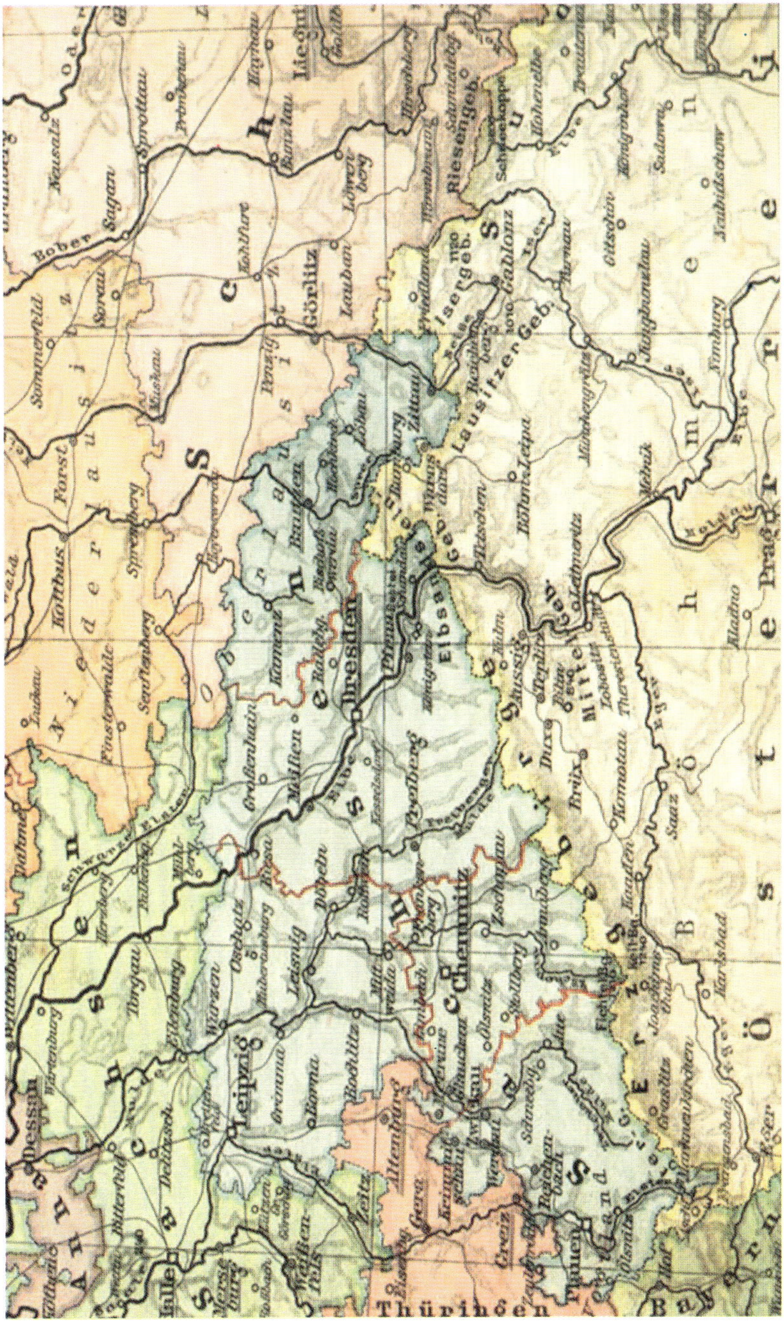

Das Königreich Sachsen
Ausschnitt aus einem Schulatlas (1911).

Sachsen in alten Ansichten

Schloss Pillnitz
an der Elbe gelegen.

Stahlstich von
H. Winkles aus
„Sachsen" Leipzig
1847.

Die sächsische Festung Königstein galt als uneinnehmbar.

Hier ein in der Lebensbeschreibung des Festungskommandanten Friedrich Wilhelm von Kyau enthaltener Kupferstich aus dem Jahre 1735.

Schloss
Weesenstein,
das die Wettiner
1830 erworben
hatten, wählte
König Johann zu
seinem
Lebensmittelpunkt.

Stahlstich.

Die Göltzschtalbrücke in der Nähe des westsächsischen Netzschkau ist bis heute Bestandteil der Bahnlinie Leipzig-München und gilt als die größte Ziegelsteinbrücke der Welt. Sie hat eine Höhe von 78 m und eine Länge von 574 m und zeugt damit von den technischen Meisterleistungen sächsischer Ingenieure. Mit allen Kräften unterstützte das sächsische Königshaus durch persönliche Anteilnahme und Anwesenheit dieses für das Land wirtschaftlich wichtige Eisenbahnprojekt.

Das Foto dürfte wenige Jahre nach der Fertigstellung entstanden sein.

Die katholische Hofkirche, links im Bild, rechts das Schloss, war die Begräbnisstätte der sächsischen Könige in Dresden. In insgesamt vier Grüften (Stiftergruft, Königsgruft, Große Gruft, Neue Gruft) sind die Mitglieder des Hauses Wettin Albertinischer Linie und die mit ihnen durch Heirat verbundenen Mitglieder europäischer Herrscherhäuser beigesetzt. Hier ruhen alle sächsischen Könige mit insgesamt 47 Angehörigen dieser Dynastie. Als letzten Verstorbenen bestattete man in der neuen Gruft den ehemaligen Kronprinzen und späteren Jesuitenpater Georg.

Völkerschlachtdenkmal

Das Völkerschlachtdenkmal bei Leipzig wurde 1913 an der Stelle fertiggestellt, wo Napoleon am Abend des 18. Oktober 1813 den Befehl zum Rückzug erteilen musste. Der 91 m hohe Bau beanspruchte eine Bauzeit von 14 Jahren u. kostete 6 Millionen Mark.

Die Albrechtsburg in Meißen

Ehemals Sitz der Markgrafen von Meißen mit dem Elbdampfer „Wettin" im Vordergrund.

König Albert von Sachsen

Stich und Druck von Th. Weger, Leipzig.

Carola von Wasa

die letzte Königin Sachsens. Stahlstich aus dem Gotha 1867.

alen Wirkungskreis. 1845 bestand er die Reifeprüfung. Die Zeugnisse attestierten ihm eine schnelle Auffassungsgabe, lebendigen Wirklichkeitssinn, Interesse für Geschichte und Politik und selbstredend hervorragende soldatische Eigenschaften. Nach der bestandenen Prüfung reiste Albert über zwei Jahre lang und besuchte dabei verschiedene Fürstenhöfe oder nahm an Manövern teil. Das Studium an der Bonner Universität, welches er 1847 begann, währte nicht lang, denn mit Ausbruch der Märzrevolution begab er sich nach Sachsen zurück. Dabei interessierten ihn die innenpolitischen Auseinandersetzungen nur am Rande. Ganz Soldat galt seine Aufmerksamkeit dem Streite des Deutschen Bundes mit Dänemark um die Ansprüche auf Schleswig. Im März 1849 begleitete er eine sächsische Brigade und kämpfte als Artilleriehauptmann beim Sturm auf die strategisch wichtigen Höhen von Düppel im April 1849 in vorderster Linie. Hier erlebte er seine Feuertaufe, über die sich der preußische Feldmarschall und Zeitzeuge Helmuth von Moltke noch Jahre später in seinen Erinnerungen lobend äußerte. Für seinen Einsatz in Dänemark erhielt Albert den preußischen Pour le Mérite und das Ritterkreuz des Sächsischen Militär-St.-Heinrich-Ordens.

Das gemeinsame Wirken der deutschen Stämme im Krieg gegen Dänemark ließ bei Albert, trotz seiner konservativen Grundhaltung, den Geist der deutschen Nationalbewegung entfachen. Er war fortan bereit, sein Mögliches für ein geeintes Deutschland zu geben. Indessen ging es zielstrebig in seiner militärischen Laufbahn weiter. Bald wurde er Generalmajor, 1857 Generalleutnant und 1866 übernahm er den Oberbefehl über die sächsische Armee.
Auf einem Jagdausflug in Mähren hatte Albert die einzige Tochter des schwedischen Prinzen Gustav von Wasa (1799-1877) und der Prinzessin Luise von Baden (1811-1854), Carola von Wasa kennengelernt. Am 18. Juni 1853 heiratete er in Dresden die knapp zwanzigjährige intelligente und charmante Prinzessin. Eine 49-jährige Ehe sollte vor ihnen liegen, die als sehr glücklich galt, aber kinderlos blieb. Ein Jahr später wurden Albert und Carola zum Kronprinzenpaar, nachdem sein Vater König geworden war. In ihrer Aufgabe als Kronprinzessin und späterer Königin ging Carola ganz auf. Sie betätigte sich auf vielen sozialen Ebenen und stand allein mit nahezu 200 Hilfsorganisationen in Verbindung. Bald galt sie als „Mutter der Armen", die große private Summen für die Unterstützung Schwacher zur Verfügung stellte. Ihre liberalen Ansichten, ihre Offen- und Unkompliziertheit machten sie später zu einer vom Volke außerordentlich geschätzten Königin.
Kronprinz Albert suchte weiterhin Ruhm auf den Schlachtfeldern und musste enttäuscht hinnehmen, dass Sachsen im deutsch-dänischen Krieg 1864 keine Truppen stellte. Gleichzeitig hatte er politisches Gespür dafür, dass die Koalition zwischen Berlin und Wien gegen Dänemark nicht von langer Dauer sein würde. Ihm war bewusst, dass es auch bald um die Selbstständigkeit Sachsens gehen könnte, wenn es zum offenen Konflikt innerhalb des Deutschen Bundes kommen sollte. Dieser Zeitpunkt ließ nicht lange auf sich warten. Im Februar 1866 stellte Bismarck die Weichen in Richtung Krieg gegen Österreich. Daraufhin schloss der Deutsche Bund Preußen aus dem Staatenbund aus. Das bedeutete Krieg. Sachsen stand traditionell an der Seite Österreichs und so blieb es auch jetzt. Kronprinz Albert zog mit seiner immerhin 26.000 Mann umfassenden Armee ins Böhmische und verband sich mit den österreichischen Truppen unter Feldmarschall Ludwig von Benedek. Preußen konnte Sachsen kampflos besetzen und seine Bevölkerung nur hoffen, dass sich das Blatt noch wenden würde. Albert war jedoch Realist. Er erkannte, dass die süd- und mitteldeutschen Staaten viel zu wenig gegen die norddeutschen Staaten unter Preußens Führung zu setzen hatten, wenn sie auch nicht als völlig chancenlos galten. Am 29. Juni 1866 erhielten die sächsischen Truppen ihre Feuertaufe. Sie mussten erhebliche Verluste hinnehmen, da die Preußen durch die Verwendung ihrer relativ neuen Zündnadelgewehre, die eine höhere Schussfrequenz hatten und

außerdem im Liegen geladen werden konnten, klar im Vorteil waren. Vier Tage später entschied die Schlacht bei Königgrätz in Böhmen den Krieg zugunsten Preußens. Die österreichischen Linien brachen zusammen, so dass der Kronprinz auch nur noch den Rückzug der sächsischen Truppen anordnen konnte. Für ihn ein Schicksalstag, von dem er in der Nacht nach der Niederlage bemerkte: „Ich wollte, ich läge tot auf dem Schlachtfeld!" Am Ausgang der Schlacht hätte er aber nichts ändern können.
Am 21. Oktober 1866 wurde ein Friedensvertrag zwischen Preußen und Sachsen unterzeichnet, der durch Frankreichs Intervention immerhin die staatliche Souveränität des Verlierers rettete. Bitter war dieser Frieden genug. Erst im Mai 1867 verließen die preußischen Truppen die sächsische Hauptstadt. Die Folgen dieser Ereignisse konnte Albert nie wirklich überwinden, sie blieben wie ein dunkler Schatten über seinem Leben liegen. Immerhin kam es im August 1869 zu einem Treffen der ehemaligen Gegner von Königgrätz. Der preußische Generalstabschef Helmuth von Moltke und Kronprinz Albert lernten sich persönlich kennen und schätzen, da sie von den fachlichen Qualifikationen des jeweils anderen überzeugt waren.
Im 1870 ausgebrochenen Krieg gegen Frankreich stand Sachsen an der Seite Preußens. Albert führte 44.000 sächsische Soldaten in den Westen und konnte durch geschicktes Handeln das Gemetzel in der Schlacht bei St. Privat westlich von Metz durch einen mutigen und überlegten Vorstoß beenden. Es war die blutigste Schlacht dieses Krieges. Moltke wurde auf Alberts couragiertes Handeln aufmerksam und übertrug ihm daraufhin das Kommando über die neugebildete Maas-Armee. Mit dieser trug der Kronprinz wesentlich zum Einschluss der französischen Truppen bei Sedan bei, die am 3. September 1870 schließlich kapitulieren mussten. Frankreich war geschlagen und Kaiser Napoleon III. ging in Gefangenschaft. Weil die Französische Republik den Kampf fortsetzte, da sie die Abtretung Elsass-Lothringens nicht akzeptieren wollte, zog Albert auch mit seinen Truppen nach Paris und unterstützte – im Gegensatz zu Moltke – das kontrovers diskutierte Bombardement der Hauptstadt.
Als am 18. Januar 1871 im Spiegelsaal des Schlosses zu Versailles mit der Kaiserproklamation Wilhelm I. das neue Deutsche Reich ausgerufen wurde, nahmen Albert und Georg als Vertreter des sächsischen Königshauses daran teil. Zehn Tage später kapitulierte Frankreich und Albert führte in Paris die Siegesparade an.
Kronprinz Albert hatte durch seine Leistungen einen bedeutenden Anteil an den militärischen Erfolgen, die die Deutschen aneinanderschweißten. Sie ebneten den Weg für die Gründung des Deutschen Reiches und wirkten sich nachhaltig auf die weitere Entwicklung Sachsens aus. Albert wurde deutschlandweit hoch geschätzt, sein Ruf war legendär. Mehrfach ausge-

zeichnet stieg er schließlich sogar noch zum preußischen Feldmarschall auf. Als sein Vater König Johann am 29. Oktober 1873 starb, bestieg der bereits vielbeachtete Albert den sächsischen Thron. Seine Aufgaben änderten sich damit, enorme Begeisterung für die alltäglichen Regierungsgeschäfte konnte man ihm jedoch nicht nachsagen. Politisch wirkte er eher steif und ungeschickt. Das konnte jedoch seine Ehefrau Carola mit ihrer volksnahen und umgänglichen Art ausgleichen. Da es mit der Neugründung des Deutschen Reiches nicht mehr die großen außenpolitischen Probleme zu bewältigen gab, war es für Albert günstig, dass sich Sachsen in aller Ruhe entwickeln konnte. Innenpolitisch setzte der König durch sein Kabinett die Reichsgesetze um, hielt sich aber ansonsten auch hier eher zurück. Dafür lag ihm viel an der Förderung des kulturellen Lebens im Königreich. Der Musik und dem Theater war der musische Albert schon immer zugeneigt, außerdem spielte er ausgezeichnet Klavier. Während seiner Regierungszeit wurde die Semperoper fertiggestellt, der Zwinger restauriert und das alte Zeughaus zur Kunstsammlung der Stadt Dresden umgebaut. Ihm zu Ehren erhielt es den Namen „Albertinum". Am meisten fühlte er sich aber seiner „Soldatenstadt" verpflichtet. Mit einem ganzen Areal von Kasernen, Lagerhäusern und Exerzierplätzen entstand am Rande der Dresdner Heide eine der damals modernsten militärischen und zugleich stadtbildprägenden Wohn- und Ausbildungsanlagen des Deutschen Reichs.
Eine große Leidenschaft des Königs blieb bis ins hohe Alter das Weidwerk. Immer wieder unternahm er Jagdausflüge, die er mit einer ausgeprägten Reiselust verband. 70 bis 80 Tage im Jahr war das Königspaar außerhalb der Landesgrenzen. König Albert war ein treffsicherer Schütze. Als 1884 sein kinderlos gebliebener Jagdfreund Herzog Wilhelm von Braunschweig-Lüneburg verstarb, vermachte dieser ihm sein in Schlesien wunderschön liegendes Schloss Sibyllenort bei Breslau, einschließlich des gesamten Zubehörs mit insgesamt 23.000 Hektar Land- und Forstwirtschaft. Über Nacht wurde der König damit zum reichsten Mann Sachsens und einem der wohlhabendsten in Deutschland überhaupt. In der als „Schlesisches Windsor" bekannten prachtvollen Schlossanlage verbrachte er fortan das Frühjahr mit seiner Gemahlin. Am 19. Juni 1902 verstarb König Albert in Sibyllenort, Ehefrau Carola überlebte ihn um fünf Jahre. Damit war sie zugleich die letzte sächsische Königin.

König Georg

Friedrich August Georg Ludwig Wilhelm Maximilian Carl Maria Nepomuk Baptist Xaver Cyriacus Romanus war der dritte Sohn des Prinzen Johann und seiner Gemahlin Amalie Auguste von Bayern. Er wurde am 8. August

1832 in Pillnitz geboren. Gemeinsam mit seinen Brüdern Albert und dem 1847 verstorbenen Bruder Ernst oblag die Erziehung zunächst seinen Eltern und dem königlichen Prinzenerzieher Albert von Langen. Danach, ähnlich seinem Bruder Albert, wurde eine militärische Laufbahn eingeschlagen. Im März 1846 ernannte man ihn zum Leutnant im 2. Infanterieregiment „Prinz Max". Ein Jahr später wechselte er in ein Garde-Reiterregiment. Dieser Waffengattung blieb er, abgesehen von kurzen zeitlichen Unterbrechungen, bis zum Deutsch-Französischen Krieg treu. Beim Studium in Bonn fand Prinz Georg rasch Kontakt zu einer Reihe von Studenten, die aus fürstlichen Häusern stammten. Dazu zählte auch Prinz Friedrich Wilhelm von Preußen, der spätere 99-Tage-Kaiser Friedrich III. Von Bonn aus unternahm Georg Reisen nach Brüssel und Paris. Mit der Verschlechterung der preußisch-österreichischen Beziehungen musste auch Georg, wie sein Bruder, das Studium abbrechen. Vater Johann bezog Prinz Georg in das politische Tagesgeschäft ein, auch wenn zu diesem Zeitpunkt seine Thronfolge noch als unwahrscheinlich galt. Am 22. November 1858 ernannte König Johann seinen Sohn Georg zum Mitglied des Staatsrates. Der ältere Bruder Albert war das schon vier Jahre lang.

König Johann sorgte auch dafür, dass eine geeignete Eheverbindung zustande kam, ohne dabei seinen Söhnen Zwang anzutun. Die Wahl fiel auf die Infantin von Portugal. Ein im März 1858 vorgesehener Aufenthalt in Paris wurde um eine Weiterfahrt nach Lissabon verlängert. Der Vater der Infantin war Fernando II., seit 1837 Titularkönig und von 1853 bis 1855 Regent von Portugal. Er stammte aus dem Hause Sachsen-Coburg und Gotha, weshalb seine Tochter auch den Titel einer Herzogin zu Sachsen führte. Georg verlobte sich im Frühjahr 1858 mit der Prinzessin Maria Anna Infantin von Portugal und Algarbien. Die Hochzeit fand am 11. Mai 1859 in der portugiesischen Hauptstadt statt. Die Ehe war vermutlich außerordentlich glücklich, wovon nicht nur die große achtköpfige Kinderschar ein beredtes Zeugnis ablegte, die zwischen 1860 und 1875 geboren wurden. Im Alter von einem Jahr starben die beiden ältesten Töchter Marie und Elisabeth, und der jüngste Sohn Prinz Albert verunglückte 25-jährig im Jahre 1900. Dafür konnten sie das Heranwachsen der anderen Kinder Mathilde, Friedrich August, Maria Josepha, Johann Georg und Max in ihrer fast 25-jährigen Ehe miterleben. Mitten in den Vorbereitungen der Silberhochzeit starb Maria Anna am 5. Februar 1884. Der Tod der Gemahlin traf Georg sehr und er hat nie wieder geheiratet. Der zeitlebens schon immer in sich gekehrte Prinz suchte nun noch häufiger Trost und Ruhe im Glauben.

Die militärischen Einsätze der Jahre 1866 bis 1871 glichen denen seines Bruders. 1866 kommandierte Prinz Georg eine Reiterbrigade. Bei einem Vorpfostengefecht erlebte er seine Feuertaufe und Teile seines Regiments lieferten sich am 11. Juli gegen die Preußen ein siegreiches Gefecht. Die inzwischen vereinbarte Waffenruhe zwang ihn jedoch, die gefangenen preußischen Ulanen wieder freizulassen. Im Krieg gegen Frankreich befehligte Georg die 23. Infanteriedivision und war damit ganz in der Nähe seines Bruders bei St. Privat und somit mitverantwortlich für die deutschen Siege. Gemeinsam mit seinem Bruder Albert nahm Georg an der Kaiserproklamation im Versailler Spiegelsaal teil. Einige Wochen später erhielt Prinz Georg aus den Händen Kaiser Wilhelms I. den Orden Pour le Mérite. Bis Ende Mai 1871 verblieb Georg noch in seinem Hauptquartier im französischen Laon.

König Georg von Sachsen

Stahlstich aus dem Gotha 1904.

Die folgenden Friedensjahre brachten neue Betätigungsfelder. Während 1873 auf Albert die Krone überging, hatte Georg nun solche Aufgaben, die vorher sein älterer Bruder innehatte. Seine Kräfte banden nun die Führungsaufgaben im XII. Armeekorps, die Arbeit im Finanzausschuss der Ersten Kammer, aber auch seine Tätigkeiten für den Sächsischen Altertumsverein und als Kurator der Kunstakademie.

Mit dem Tod des kinderlos gebliebenen Bruders Albert am 19. Juni 1902 fiel die Königswürde an den schon im 70. Lebensjahr stehenden Georg. Besondere zeitliche Umstände hatten den neuen Monarchen beim Volk nicht sonderlich beliebt gemacht. Zunächst hofften viele Sachsen, dass er zugunsten seines ältesten Sohnes auf die Krone vielleicht verzichten würde. Anlässlich seines Regierungsantrittes forderte er dann eine deutliche Anhebung der Zivilliste. Trotz heftiger Kritik und klammer Kassen kamen die Kammern dieser Forderung nach. Kurze Zeit später flüchtete dann noch Kronprinzessin Luise vom Dresdner Hof und löste damit einen noch nicht dagewesenen Skandal aus. Luise bezichtigte den König, ihren Schwiegervater, der Intrige gegen sie, da sie angeblich nicht in die konservativ-religiös geprägte Atmosphäre des Hofes passen würde. Damit erhöhte sie den Druck auf den König weiter. Eine Affäre der lebenslustigen und populären

Kronprinzessin mit dem belgischen Sprachlehrer André Giron am Hof brachte dann das Fass zum Überlaufen. Am 11. Februar 1903 wurde die Ehe des Kronprinzenpaares offiziell getrennt, ohne dass damit wirklich Ruhe einzog. Den Umbrüchen seiner Zeit war Georg nicht mehr voll gewachsen. Die Flucht der Kronprinzessin, der Wahlsieg der Sozialdemokraten 1903 trotz des ungünstigen sächsischen Wahlgesetzes, an dem Georg einst mitwirkte und der von August 1903 bis Januar 1904 währende Crimmitschauer Textilarbeiterstreik zehrten an der ohnehin instabilen Gesundheit des Königs und fesselten ihn ans Krankenlager. Anfang 1904 erkrankte er an einer Influenza, von der er sich nicht mehr erholte. Nach langem Leiden verstarb König Georg am 15. Oktober 1904 in Pillnitz und wurde, wie seine Vorgänger, in der katholischen Hofkirche in Dresden zur letzten Ruhe getragen.

König Friedrich August III.

Friedrich August Johann Ludwig Carl Gustav Gregor Philipp erblickte in den Morgenstunden des 25. Mai 1865 in Dresden das Licht der Welt. Als ältester Sohn des späteren Königs Georg war er zur Thronfolge bestimmt. Wer mag geahnt haben, dass er wohl der letzte sächsische König sein würde? Zur Zeit seiner Geburt regierte noch König Johann und weitere zwei sächsische Könige sollte es geben, bevor er den Thron bestieg. Jedenfalls wurde seine Erziehung mit größter Sorgfalt vorbereitet und durchgeführt. Friedrich August erhielt humanistischen Gymnasialunterricht. Französisch, Latein und Altgriechisch beherrschte er bald perfekt. Zugleich entwickelte er ein großes Interesse für geschichtswissenschaftliche Fragen und Problemstellungen. Nach dem Abitur folgte selbstredend die militärische Ausbildung, sowie zwischen 1884 und 1886 ein Studium der Staats- und Rechtswissenschaften an den Universitäten in Straßburg und Leipzig. Zeitig wurde er mit der Arbeit der Landesverwaltungen vertraut gemacht. Dies erfolgte z.B. dadurch, dass er in Dresden eine mehrmonatige Volontärstätigkeit durchführte und regelmäßig an den Sitzungen des Gesamtministeriums und der Ersten Kammer teilnahm. Außerdem machte er sich mit allen Regionen Sachsens bekannt. Aber dabei blieb es nicht. Bildungsreisen führten ihn bald nach Wien, Budapest, Belgrad und London. Außergewöhnlich war seine siebenmonatige Mittelmeerreise 1889/90, bei der er fast alle an das Mittelmeer angrenzenden Staaten kennenlernte. Damit war er einer der bestausgebildeten Thronfolger seiner Zeit geworden.
Auch in persönlicher Hinsicht sollte dem künftigen sächsischen König das Beste nur gut genug sein. Standesgemäß heiratete Friedrich August am 21. November 1891 in Wien die 21-jährige Erzherzogin Ludovica (Luise) von Österreich-Toskana. Sie war die Tochter des entthronten Großherzogs von

Toskana, der im Salzburger Exil lebte. Wieder gab es eine gern gesehene Verbindung zwischen den Häusern Habsburg und Sachsen. Nach der Hochzeit bewohnte das junge Paar das Taschenbergpalais in Dresden. Sechs Kinder (ein weiteres verstarb 1898 unmittelbar nach der Geburt), darunter der 1893 geborene Thronfolger Georg, ließen eine glückliche Ehe vermuten. Niemand konnte zu diesem Zeitpunkt ahnen, dass die Ehe nach zehn Jahren in einem der größten Skandale seiner Zeit enden würde. Luise, wie sie „eingedeutscht" gerufen wurde, war eine lebenslustige, aber auch selbstverliebte egozentrische Persönlichkeit. Ein intellektueller Geist, künstlerisches Interesse, aber auch leichte Reizbarkeit und Modesüchtigkeit waren einige der ihr nachgesagten Charaktereigenschaften. Dies musste am Hofe in Dresden, der als vergreist galt, bald auf Widerstände treffen. Wesentlichen Anteil daran, dass das Fass letztlich zum Überlaufen kam, dürfte ihrem Schwiegervater König Georg mit seinem übereifrig frommen Verhalten zuzuschreiben sein. Unter dem Vorwand, ihre Eltern in Salzburg besuchen zu wollen, reiste sie am 9. Dezember 1902 aus Dresden ab. In Salzburg angekommen erklärte sie, dass sie ihren Ehemann und die gemeinsamen Kinder nie wiedersehen wolle! Der Dresdner Hof, nicht zuletzt Friedrich August, waren entsetzt. Der Kronprinz verfiel in eine gewisse Apathie, die ein Ausdruck seiner emotionalen Gefühle war. Bald beriet ein von König Georg einberufenes Sondergericht über die weitere Verfahrensweise. Ziel war letztlich die Aufhebung der ehelichen Gemeinschaft mit Zustimmung des Papstes und zugleich der Verzicht der Kronprinzessin auf ihre Rechte als Mitglied des sächsischen Königshauses. Am 11. Februar 1903 wurde die Ehe des Thronfolgers rechtmäßig geschieden. Luise erhielt den Titel einer „Gräfin von Montignoso" und verpflichtete sich, Sachsen nie wieder zu betreten. Sie hielt sich nicht daran, denn sie versuchte verzweifelt ihre Kinder wieder zu sehen.

König Friedrich August III. von Sachsen

Fotobeilage der »Sachsennummer« etwa 1910.

Eine großzügige Leibrente, die ihr früherer Gemahl ihr zubilligte, dankte sie ihm nicht. In ihren 1926 veröffentlichten Memoiren schilderte sie Friedrich August als zwar guten, aber langweiligen Ehemann. Sie erging sich in Selbstmitleid im angeblich unverdienten Schicksal. Die immer wieder in Illusionen, Selbstmitleid und Liebesaffären verstrickte ehemalige Kronprinzessin verstarb, vergessen, heruntergekommen und verarmt am 23. März 1947 in einem bescheidenen Hotel in Brüssel.
Lag anfangs bei der Bevölkerung die Sympathie durchaus bei der geflohenen Kronprinzessin, so wendete sich das Blatt bald. Friedrich August kümmerte sich großartig um seine sechs Kinder, die bei ihm geblieben sind und ihre Liebe zu ihm mit Anhänglichkeit belohnten. Man war sich in Sachsens Volke recht einig, weitgehend sogar unabhängig vom politischen Lager: Der Thronfolger und damit der spätere König galt als warmherzig, liebenswürdig und kontaktfreudig. Als Gegner höfischen Prunks waren seine Vorzüge Schlichtheit und Bescheidenheit. Seine Leidenschaften wie Wandern, Bergsteigen, Jagen und Reiten charakterisierten ihn als natur- und heimatverbundenen Sachsen. Dazu kam, dass er die Sprache seines Landes mit der besonderen dialektalen Färbung nicht nur gern, sondern auch bei offiziellen Gelegenheiten sprach. Wenn sich auch Reichskanzler Bernhard von Bülow über den „komischen Anstrich“ seiner Sprache mokierte, seinem Volke gefiel es. Einen populäreren „Geenich“ (König) hatte Sachsen bislang nicht erlebt.
Mit dem Tode seines Vaters Georg am 15. Oktober 1904 fiel ihm die Aufgabe des Königs zu, die er würdevoll, aber eben in seiner ganz eigenen bestimmten Art annahm. Als Friedrich August III. regierte er nun im kleinsten der vier deutschen Königreiche, welches jedoch in wirtschaftlicher Hinsicht längst an der Spitze Deutschlands stand. Der neue König hielt sich streng an die Vorgaben der Verfassung, die die konstitutionellen Verhältnisse regelte. Nie hat er sich in laufende politische Verhältnisse eingemischt oder gar etwaige Grenzen überschritten. Trotzdem ließ er es sich nicht nehmen, in alle wichtigen politischen Vorgänge eingeweiht zu werden und durch ein intensives Aktenstudium sich seine eigene Meinung zu bilden. Er hatte Eigenschaften, die nicht jeden Politiker zieren: Scharfe Beobachtungsgabe und Menschenkenntnis, um insbesondere bei innenpolitischen Konflikten ausgleichend und parteiübergreifend einwirken zu können. Seiner konstitutionellen Rolle wurde er damit voll gerecht und strafte seinen Vater der Fehleinschätzung, der zu Lebzeiten wiederholt intern äußerte, dass sein Sohn nicht fähig sei, das Land zu regieren. Friedrich August III. gelang es auf seine Art, Sachsen eine bestimmende Rolle im Deutschen Reich zu vermitteln.
Der König, entgegen den Traditionen seiner Vorfahren eher kein künstleri-

scher Mensch, bemühte sich aber trotzdem um die Kunstpflege. Wenn er auch Militärmärsche gegenüber Wagners Opern, Theateraufführungen und der Malerei vorzog, finanzierte er die sächsische Kultur auf allen erdenklichen Gebieten ausdrücklich und gern mit. Mehr als ein Drittel seiner persönlichen Apanage floss in Zuwendungen für die Dresdner Oper und die Gemäldegalerie. Wenigstens ideellen Anteil nahm er am Ausbau der drei sächsischen Metropolen, die bis heute von der schöpferischen Leistung der Sachsen Zeugnis ablegen, so in Dresden das Kunstgewerbemuseum, das Rathaus und Schauspielhaus; in Leipzig der Hauptbahnhof, das neue Rathaus und die Deutsche Bücherei; schließlich, um nicht alle aufzählen zu müssen, in Chemnitz das Theater, das Stadtmuseum und ebenfalls ein neues Rathaus. Unter Friedrich August III. erlebte Sachsen im ersten Jahrzehnt des 20. Jahrhunderts seine beste Zeit. Dass diese 1914 unwiderruflich zu Ende ging, lag nicht in der Macht des sächsischen Königs.
Von Jugend an hatte Friedrich August III. eine positive Einstellung zu allem, was mit soldatischem Gehabe zu tun hatte. Uniformen, Paraden und Manöver lagen ihm einfach. Darin mag sich auch das Einvernehmen mit dem sonst charakterlich völlig anderen Kaiser Wilhelm II. erklären, das sich bis zu seinem Tode erhalten hat. 1912 wurde Friedrich August zum Generalfeldmarschall des Deutschen Reiches berufen. Das war die höchste militärische Würde, die überhaupt verliehen werden konnte. Allerdings überraschte, dass der sächsische König als einziger der deutschen Könige nicht den formellen Oberbefehl über seine Armee übernahm, obwohl er dessen Chef war. Wenigstens konnte man ihm damit nicht anlasten, dass fast ein Drittel der sächsischen Armee in der Marne-Schlacht Anfang September 1914, nicht einmal fünf Wochen nach Kriegsausbruch, dies sind etwa 12.000 Mann, ihr Leben verloren haben. Trotzdem war der König, wie andere Bundesfürsten auch, immer mit der aktuellen Frontlage betraut. Front- und Lazarettbesuche sowie Inspektionsfahrten zu Steigerung der Moral der kämpfenden Truppen gehörten mittlerweile zum Kriegsalltag des Königs. Der König tat sein Mögliches. Deshalb stellten die Sachsen die Monarchie als Staatsform bis zuletzt auch gar nicht in Frage. Der amtierende König hatte sich persönlichen und politischen Kredit hart erarbeitet. Er, damit auch die Monarchie, war beliebt – sie war einfach Gegebenes des zeitgenössischen Lebens.
Im Frühjahr 1918 unternahm Friedrich August III. einen gemeinsamen Vorstoß mit der Hansestadt Hamburg und den beiden Fürstentümern Reuß älterer und Reuß jüngerer Linie im Bundesrat, um einen Verständigungsfrieden auf die Wege zu bringen. Diese heute fast vergessene Friedensinitiative scheiterte an der Haltung der übrigen Bundesratsmitglieder, die meinten, dass der Sieg im Westen unmittelbar bevorstände.

Ausschlaggebend für das rasche Ende der Monarchie in Sachsen waren schließlich die Verschlechterung der Versorgungslage und die Ereignisse in Berlin wie im übrigen Reich. Noch am 5. November 1918 berief der König ein von Sozialdemokraten gestütztes Kabinett. Wenig später überschlugen sich aber die Ereignisse. Wie auch sonst im Reich okkupierten Aufständische öffentliche Gebäude, nicht zuletzt das Residenzschloss und hissten die rote Fahne. Anders als in Berlin oder München gab es in Dresden keine Revolutionstoten. Ohne besonders aktiv zu werden, verließ der König Dresden und unterzeichnete am 13. November 1918 in Schloss Guteborn bei Ruhland für sich allein den Thronverzicht. Die Redewendung „Machd doch eiern Drägg alleene" kann zwar offensichtlich nicht wirklich Friedrich August III. zugeschrieben werden, denn er bestritt diese Aussage Zeit seines Lebens, sie passt aber jedenfalls zu seinem Gemüt. Dieser untergeschobene Satz sicherte ihm jedenfalls nochmals die eine und andere Sympathie und dürfte deshalb ewig mit dem Schicksal des letzten Sachsenkönigs verbunden bleiben. Im November 1918 teilte er ein Los, das allen deutschen Bundesfürsten beschieden war. Arbeiter- und Soldatenräte in allen Teilen Deutschlands meinten, dass die Republik die bessere Staatsform wäre.
Die bisherige Sommerresidenz Schloss Sibyllenort bei Breslau, mit etwa 600 Räumen größer als das Dresdner Stadtschloss, wurde nach der Abdankung der ständige Wohnsitz des Königs. Hier verlebte er, von der Politik völlig zurückgezogen, die letzten 14 Jahre seines Lebens.
Nach der Abdankung organisierte sich das ehemalige sächsische Königshaus am 10. Januar 1922 im Familienverein Haus Wettin Albertinischer Linie e. V. Der Verein bezweckte u. a. die Verwaltung von Vermögenswerten sowie die Verteilung von Ausgleichszahlungen, die im Zusammenhang mit dem Auseinandersetzungsvertrag mit dem Freistaat Sachsen vom 24. Juni 1924 dem ehemaligen Königshaus überlassen oder gewährt wurden. In den Satzungen waren auch die Verwaltung sonstigen Familienvermögens, der Familienbilder, des Familienschmuckes, des Familienarchivs und weitere Angelegenheiten des Familienverbandes geregelt. Dazu gehörte letztlich auch die Festlegung, dass der König als Vorsitzender des Vereins ausdrücklich die Möglichkeit von Adoptionen im Familienkreis vorsah, um das Haus vor dem Aussterben zu bewahren. Diese Regelung wandte Jahrzehnte später der kinderlos gebliebene Markgraf Maria Emanuel mit der Adoption des Prinzen Alexander an. Der Verein wurde am 16. Oktober 1946 auf Grund der Rundverfügung Nr. 216 der Landesverwaltung Sachsen (Justiz) im Vereinsregister gelöscht.
Der 1924 zustande gekommene Vermögensausgleich mit dem Freistaat Sachsen war für beide Seiten zufriedenstellend. Das Königshaus verzichtete auf alle etwaigen Ansprüche am sächsischen Staatsvermögen, erhielt dafür

eine Barabfindung und durfte Schloss Moritzburg und das Gelände des Königsweinbergs Wachwitz sowie eine stattliche Anzahl weiterer Kunstgegenstände für den bereits erwähnten wettinischen Familienverein im Eigentum behalten. Der entthronte König genoss mit Freude und Geschick sein Leben als Gutsherr in Schlesien. Er frönte seinen Hobbys, allem voran das Jagen und Reiten, später auch Skatspielen und Kegeln. In den zwanziger Jahren reiste er wieder viel. Seine Ziele waren die Alpen, die Nordsee, aber auch Indien, Brasilien und Ceylon. Gern besuchte er auch die alte sächsische Heimat, die ihm nicht vorenthalten war.

Im Juni 1923 reiste er mit der Eisenbahn durch Sachsen zur Hochzeit seines zweiten Sohnes nach Regensburg. Eigentlich wollte er dabei möglichst unerkannt bleiben. Allerdings sprach sich seine zu erwartende Anwesenheit im Hauptbahnhof der westsächsischen Industriestadt Zwickau unter der Bevölkerung wie ein Lauffeuer herum. Trotz der frühen Morgenstunden versammelten sich viele Menschen, um ihren früheren Monarchen zu begrüßen. Nach schweigender Erwartung ertönten bald mit zunehmender Lautstärke Hochrufe auf ihren „Geenich" Friedrich August. Als er dann endlich aus dem Fenster seines Schlafwagens schaute, sagte er die liebenswürdig-spöttischen, seinem Charakter ganz und gar entsprechenden Worte, die bald zur Redensart geworden sind: „Na ihr seid mir ja scheene Rebubliganer!" In vergleichbaren Situationen soll er sich übrigens auch in anderen sächsischen Orten ähnlich geäußert haben.

Umgeben von 18 Enkeln lebte er glücklich und in Geborgenheit, bis man den 67-Jährigen am 18. Februar 1932 frühmorgens bewusstlos und völlig gelähmt im Bett fand. Ihn hatte ein Gehirnschlag getroffen, der, ohne dass er nochmals zu Bewusstsein kam, sein irdisches Ende in den Abendstunden dieses Tages bedeutete.

Die Nachricht vom Tode des letzten sächsischen Königs verbreitete sich wie ein Lauffeuer durch die Lande. Am 23. Februar fand die Beisetzung in der katholischen Hofkirche in Dresden statt. Die Feier war einem Seitenhieb gegen die Republik gleichzusetzen: Über eine halbe Million Menschen, weit mehr als Dresden an Einwohnern zählte, gaben dem früheren sächsischen Staatsoberhaupt ein letztes Geleit. Das Ehrengeleit führten Generalmajor Ludwig Beck und Oberstleutnant Friedrich Olbricht an, damit zwei der prominentesten später hingerichteten Opfer des Attentates vom 20. Juli 1944. Aber auch viele Mitglieder der Staatsregierung, der sächsische Ministerpräsident, zahlreiche Oberbürgermeister sächsischer Städte und nicht zuletzt Angehörige aller gesellschaftlichen Schichten ohne Ansehen parteipolitischer Einstellungen bewiesen an diesem Tag ihre Anhänglichkeit an den früheren Souverän. Dass Krieg und Revolution Friedrich August III. 1918 zu Fall brachten, war nicht ursächlich seine Schuld, sondern das Schicksal des siebten und wohl volkstümlichsten sächsischen Königs.

Das königlich-sächsische Haus bis zur Gegenwart

Kronprinz Georg von Sachsen

Der ehemalige Thronfolger, der intellektuell hochbegabte Kronprinz Georg, wurde am 15. Januar 1893 in Dresden geboren und studierte nach dem Sturz der Monarchie katholische Theologie. 1923 entsagte er allen Rechten, Titeln und Ansprüchen, die ihm als Kronprinzen zugestanden hätten. Ein Jahr später wurde er zum Priester geweiht und trat im Herbst 1925 in den Jesuitenorden ein. Pater Georg galt als überzeugter Anhänger der Ökumene und amtierte in den 1930-er Jahren als Prediger am Canisius-Kolleg in Berlin. Zugleich war er als engagierter Gegner des nationalsozialistischen Regimes bekannt. Unter mysteriösen Umständen ertrank der Fürstensohn am 14. Mai 1943 beim Baden im Glinicker See. Der Leichnam wurde erst drei Wochen später gefunden. Man munkelte noch lange über die Geschehnisse, zumal sich am Todestag angeblich etliche Angehörige der Geheimen Staatspolizei in der Nähe des Sees aufgehalten haben sollen. Am 16. Juni 1943 wurde er in der Gruft der katholischen Hofkirche in Dresden beigesetzt.

Kronprinz Georg von Sachsen
liest ein Buch.

Ansichtskarte nach einer Aufnahme von James Aurig, 1910.

Friedrich Christian Markgraf von Meissen

Friedrich Christian wurde am 31. Dezember 1893 als zweiter Sohn des damaligen Königs Friedrich August III. und seiner Gemahlin Luise von Toskana geboren. Wegen der Scheidung des Königspaares übernahm ab 1906 die Schwägerin des Königs, Maria Immaculata Prinzessin von Sachsen, die Mutterrolle für die sechs Kinder des Königs. Die Gymnasialzeit absolvierte Prinz Friedrich Christian in einer eigens eingerichteten Prinzenschule im Taschenbergpalais. Mit 12 Jahren wurde er zum Leutnant im Leib-Grenadier-Regiment ernannt. Die eigentliche militärische Ausbildung begann jedoch erst viel später, als er ab 1913 die Dresdner Kriegsakademie besuchte. Während des 1. Weltkrieges kämpfte der Prinz an verschiedenen Fronten, war als sprachbegabter Prinz aber auch in diplomatischen Diensten. So führten ihn seine Wege während des Krieges beispielsweise zu König Alfons XIII. von Spanien, zu Kaiser Karl I. von Österreich und zum türkischen Sultan. 1918 war er kurzzeitig als Thronkandidat für Litauen vorgesehen. Auf Grund der Niederlage Deutschlands und dem damit verbundenem Thronverzicht blieb dies aber nur eine Episode am Rand der Geschichte. Bei Kriegsende führte er die sächsischen Truppen aus Belgien und Frankreich heimwärts und demobilisierte sie in Fulda. Ab 1919 studierte der Prinz Rechtswissenschaften an verschiedenen Universitäten. Er promovierte an der Breslauer Universität über den deutschen Philosophen, Theologen und Staatsrechtler Nikolaus von Kues (1401-1464) und hatte dabei in seiner Dissertation besonders das kanonische Recht im Blick. Am 16. Juni 1923 heiratete der Jurist in Regensburg Elisabeth Helene Prinzessin von Thurn und Taxis (1903-1976). Sie war die Tochter des Fürsten Albert von Thurn und Taxis und seiner Gemahlin Margarethe Erzherzogin von Österreich. Diese Ehe war mit zwei Söhnen und drei Töchtern gesegnet. Mit dem Rechteverzicht seines älteren Bruders Georg im Jahre 1923 wurde Friedrich Christian nach dem Tode des letzten Königs im Jahre 1932 Chef des Hauses Wettin Albertinischer Linie. Dafür wählte er sich in Anlehnung an die 1089 durch Kaiser Heinrich IV. erfolgte Belehnung seiner Familie mit der Markgrafschaft Meißen den Titel „Markgraf von Meissen". Diesen Titel führen seitdem die jeweiligen Familienoberhäupter des Hauses Sachsen Albertinischer Linie.
Lange Zeit war Bamberg der Wohnsitz seiner Familie. 1935/36 ließ der Markgraf für sich und seine Familie nach Entwürfen des bekannten Architekten Hans Max Kühne (Firma Lossow & Kühne) am Dresdner Elbhang das Haus Wachwitz errichten. Das kleine Schloss mit einer Hauskapelle war dann bis 1945 der zentrale Ort des familiären Lebens, ein Treffpunkt für Künstler und Gelehrte, aber auch für Offiziere des Widerstandes gegen Hitler.

Teile des Schlosses Moritzburg, dass der königlichen Familie 1924 als Privatbesitz zugesprochen worden war, wurden der Öffentlichkeit als Museum zugänglich gemacht. Außerdem lebte dort Prinz Ernst Heinrich von Sachsen mit seiner Familie, der Bruder des Markgrafen. Nach den verheerenden Bombenangriffen angloamerikanischer Fliegerverbände auf Dresden im Februar 1945 nahm der Markgraf zahlreiche Opfer im unbeschädigt gebliebenen Haus Wachwitz auf. Wenig später aber wurde Haus Wachwitz von der Wehrmacht besetzt, da man wohl befürchtete, dass der Markgraf mit den heranrückenden Truppen gegen das Dritte Reich zusammenarbeiten würde. Ein hoher Offizier der Wehrmacht erschien im März unangemeldet in Wachwitz und forderte die markgräfliche Familie auf, alles Nötige für eine Abreise in den Westen in je einem Koffer pro Person zu packen, denn das Haus sei zu Verteidigungszwecken requiriert worden. Nach drei Stunden kam der Offzier mit mehreren Wagen zurück. Die Familie wurde zu einem Bahnhof außerhalb Dresdens gebracht, um mit einem der letzten Züge für immer die Heimat in Richtung Westen zu verlassen. Damit war die Familie fast völlig mittellos geworden. Das prächtige Schloss Sibyllenort in Schlesien war schon am 26. Januar 1945 teilweise von der Geheimen Staatspolizei (Gestapo), die dort ein Geheimarchiv unterhielt, gesprengt worden und völlig ausgebrannt. Bis in die 1980-er Jahre standen noch Reste als Dauerruine. Heute künden nur noch das Pförtnerhaus und der verwilderte Park vom einstigen Glanz der herrschaftlichen Anlage. Die Besitzungen der ehemaligen Königsfamilie in Sachsen enteignete die Bodenreform, ebenso waren die schlesischen Güter, die nun in Polen lagen, für immer verloren.

Friedrich Christian
Markgraf von Meissen

In der Bundesrepublik baute sich der Markgraf von Meissen eine neue Existenz auf. Der Weg führte ihn über Hof nach Regensburg und Bregenz, wo die beiden jüngsten Kinder seit 1940 bereits wohnten. Mit Unterstützung der Regensburger Verwandtschaft fand die Familie eine neue Heimat in München-Harlaching. Hier sammelte der Markgraf den in alle Welt verstreuten Adel und gründete 1951 den Verein „Der sächsische Adel e. V." sowie 1961 die „Studiengruppe für Sächsische Geschichte und Kultur e. V." Letztere wurde nach seinem Tod von seinem Sohn Dr. Albert Prinz von Sachsen Herzog zu Sachsen (1934-2012) weitergeführt.
Am 9. August 1968 verstarb Friedrich Christian in Samedan/Schweiz und wurde am 13. August in der Gruftanlage neben der Königskapelle in Brennbichl bei Imst/Nordtirol beigesetzt, dort, wo einst sein Ahne König Friedrich August II. 1854 tödlich verunglückte. Diese Kapelle wurde durch den Verstorbenen in Zusammenarbeit mit dem Innsbrucker Landesdenkmalamt zwischen 1958 und 1966 restauriert. Gleichzeitig wurde mit Genehmigung der Tiroler Landesregierung auf dem dazugehörigen Grundstück eine neue Begräbnisstätte für das ehemalige sächsische Königshaus errichtet. Markgraf Friedrich Christian war Träger des Goldenen Vlieses, Ritter des Malteser-Ordens und anderer hoher Auszeichnungen. Chef des Hauses Wettin Albertinischer Linie wurde nunmehr sein ältester Sohn Maria Emanuel Prinz von Sachsen Herzog zu Sachsen.

Maria Emanuel Markgraf von Meissen

Maria Emanuel, Enkel des letzten sächsischen Königs Friedrich August III., wurde am 31. Januar 1926 auf Schloss Prüfening in Regensburg geboren. Er wuchs in Prüfening, Bad Wörishofen, Bamberg und seit Fertigstellung des Hauses Wachwitz in Dresden auf. Bis zur Schließung durch das NS-Regime war Maria Emanuel Schüler des Bischöflichen Sankt-Benno-Gymnasiums bzw. Internatsschüler des Jesuiten-Kollegs St. Blasien im Schwarzwald. Von 1939 bis 1944 finanzierten seine Eltern eine Privatschule in einer Villa in Dresden-Strehlen. 1944 wurde der 17-jährige Prinz von der Geheimen Staatspolizei verhaftet. Auslöser war ein Brief, der als Wehrkraftzersetzung gedeutet wurde. Außerdem hielt man ihm das Abhören von Feindsendern vor, was als Rundfunkverbrechen galt. Damit drohte ihm die Todesstrafe.
Die Familienüberlieferung weiß zu berichten, dass der berüchtigte Blutrichter am Volksgerichtshof Roland Freisler das Todesurteil bereits in Schriftform festgehalten hatte. Aber bei einem Bombenangriff auf Berlin im Februar 1945 erschlug ihn ein herabfallender Balken im Gerichtsgebäude und

so konnte er das Urteil nicht mehr verkünden. Auf Grund der guten Kontakte des Vaters gelang es noch, die ursprüngliche Anklage als Jugendvergehen einzustufen. So lautete das Urteil schließlich zweieinhalb Jahre Zuchthaus. Im April 1945 gelang dem Prinzen in den Wirren nach einem Bombenangriff die Flucht.

Nach dem Krieg studierte Maria Emanuel einige Semester an der Kunstakademie Düsseldorf. Eine neue Heimat fand er schließlich in München, wo er als Kunstmaler und Grafiker Erfolg hatte. 1959, einer Einladung in die Schweiz folgend, stieg er ins Börsengeschäft ein. Mit großem Engagement setzte sich der genealogisch und militärgeschichtlich interessierte Prinz bei den Tagungen der letzten lebenden Ritter der ältesten deutschen Tapferkeitsauszeichnung, des Königlich Sächsischen Militär-Sankt-Heinrichs-Orden, für die Traditionspflege ein. 1985 wurde daraus der in Bamberg ansässige „Sankt Heinrichs Orden e. V."

Mit dem Ableben des Vaters übernahm Maria Emanuel 1968 den Titel Markgraf von Meissen und damit die Funktion des Chefs des Hauses. Unter seiner Leitung konnte im Jahre 1989 das 900-jährige Jubiläum der Wettinerdynastie in Regensburg begangen werden.

Am 22. Juni 1962 heiratete er in La Tour de Peilz (Schweiz) Anastasia-Louise Prinzessin von Anhalt (*1940). Das Paar nahm seinen ständigen Wohnsitz zuerst in Baden und später am Genfer See in der Schweiz. Sofort nach der friedlichen Revolution in der DDR besuchte der Markgraf noch im Dezember 1989 die alte sächsische Hauptstadt Dresden, in der er seitdem sehr oft und gern verweilte.

Nach der deutschen Wiedervereinigung war Maria Emanuel als Kuratoriumsmitglied des Weltkulturerbes Dresdner Elbtal tätig. 1996 feierte er im Schloss Hoflößnitz in Radebeul seinen 70. Geburtstag. An der Feier nahmen auch zahlreiche Mitglieder der sächsischen Staatsregierung teil. Auf der Grundlage des 1994 vom Bundestag verabschiedeten Entschädigungs- und Ausgleichsleistungsgesetzes vereinbarten die anspruchsberechtigten Wettiner mit dem Freistaat Sachsen im Jahre 1999, dass eine stattliche Anzahl verschiedener Kunstwerke aus den Museen an die Familie zurückgegeben werden, während aber etwa doppelt so viele Kunstgegenstände gegen eine Einmalzahlung dort verbleiben konnten. Unter den vom Freistaat angekauften Objekten befinden sich für die sächsische Geschichte äußerst bedeutungsvolle Werke, darunter der Thronsessel Augusts des Starken. In Ergänzung des Vertrages von 1999 wurde im Dezember 2009 eine weitere Vereinbarung geschlossen, die ein Verfahren festlegt, wie die abschließende Einigung über die Rückgaben von nachträglich aufgefundenen Porzellanen, Gemälden und Skulpturen aus den Sammlungen und Einrichtungen des Freistaates erfolgen soll.

Das Markgrafenpaar blieb kinderlos. Aus diesem Grund bemühte sich Markgraf Maria Emanuel rechtzeitig um die Festlegung seiner Nachfolge zum hausgesetzmäßigen Fortbestand der Albertinischen Linie des Hauses Wettin. Pfingsten 1997 unterbreitete er den versammelten Agnaten und Familienmitgliedern den Vorschlag, seinen Neffen Prinz Alexander zu seinem unmittelbaren Nachfolger als Markgraf von Meissen zu wählen. In einer daraufhin in Dresden am 14. Mai 1997 abgeschlossenen notariellen Erklärung stimmten dieser Regelung in „der Verantwortung der heute lebenden und handelnden Generation der Wettiner vor der über 900-jährigen Geschichte und in dem Bewußtsein, daß die Familie und Sachsen eine für die nächsten Jahrzehnte berechenbare personelle Perspektive gegeben werden soll" alle noch lebenden Enkel des letzten Sachsenkönigs bzw. deren Ehefrauen oder deren Bevollmächtigten als lebende Agnaten des Königshauses zu. 1999 bekräftigte Markgraf Maria Emanuel diese Entscheidung durch die Adoption seines Neffen, also des Sohnes seiner Schwester Maria Anna. Dabei übertrug er ihm auch den gesetzlichen Familiennamen „Prinz von Sachsen Herzog zu Sachsen".

Maria Emanuel Markgraf von Meissen

mit Gattin Anastasia- Louise Prinzessin von Anhalt

Am 23. Juli 2012 verstarb Maria Emanuel Markgraf von Meissen in seiner Schweizer Wahlheimat im 86. Lebensjahr. Sein Leichnam wurde am 30. Juli 2012 in der Gruft neben der Königskapelle in Brennbichl/Tirol neben seinen Eltern beigesetzt. Die königliche Familie feierte gemeinsam mit Vertretern königlicher und fürstlicher Häuser und vielen Sachsen in der katholischen Hofkirche in Dresden am 3. August 2012 ein Requiem zum Andenken an den verstorbenen Markgrafen. Maria Emanuel war Ritter des Goldenen Vlieses und Träger zahlreicher hoher Auszeichnungen.

Alexander Markgraf von Meissen

Nachfolger und jetziger Chef des Hauses Wettin Albertinischer Linie ist Seine Königliche Hoheit Alexander Markgraf von Meissen, Prinz von Sachsen Herzog zu Sachsen.
Prinz Alexander ist der Sohn der Schwester des letzten Markgrafen Maria Emanuel, Maria Anna Prinzessin von Sachsen Herzogin zu Sachsen (13.12.1929-13.3.2012) und des Roberto Alexander Prince de Gessaphe (30.11.1916-13.12.1978). Letzterer war ein direkter Nachkomme der Emire Gessaphe, welche ein Gebiet zwischen dem heutigen Libanon und Syrien regierten. Zur Bekräftigung der im Haus Wettin bereits erwähnten Nachfolgeregelung adoptierte ihn das letzte Markgrafenpaar am 26. Mai 1999.
Alexander Markgraf von Meissen wurde am 12. Februar 1953 in München geboren. Vom 18. Lebensmonat an wuchs der Prinz in Mexiko Stadt auf, wo sein Vater zahlreiche Unternehmen hatte, u. a. auch eine Logistikfirma leitete. Als 11-Jähriger kam er zurück nach Deutschland. Seine schulische Ausbildung erfuhr er zunächst bei den Jesuiten im Instituto Patria in Mexiko Stadt, dann beim katholischen Familienwerk in München, später am Jesuiten-Kolleg St. Blasien im Schwarzwald. Dort bestand er 1972 seine Reifeprüfung. Nach einem zweijährigen Praktikum im väterlichen Betrieb studierte Prinz Alexander an der Münchner Ludwig-Maximilian-Universität Betriebswirtschaft und übernahm 1978, bedingt durch den frühen Tod des Vaters, dessen Firma in Mexiko. 1980 legte er die staatliche Prüfung zum Notar des mexikanischen Zollwesens und für internationale Spedition ab. 1994/95 studierte er Top Management am IPADE in Mexiko Stadt und hat daraufhin fünf Jahre lang ehrenamtlich junge Unternehmer im selben Institut ausgebildet.
Am 29. August 1987 heiratete der jetzige Markgraf in Kloster Andechs die 1964 in Leutstetten bei Starnberg geborene Gisela Prinzessin von Bayern. Der Hochzeit schloss sich eine dreimonatige Reise in den Himalaja an. Von 1998 bis 2010 wohnte das Paar mit seinen vier Kindern in Dresden. Zwischen 2003 bis 2008 war der jetzige Markgraf u. a. Ansiedlungsbeauftragter des sächsischen Wirtschaftsministeriums und später persönlicher Berater des damaligen Ministerpräsidenten Prof. Georg Milbradt. In dieser Funktion regte er internationale Projekte an, pflegte Kontakte zu den Botschaften in Berlin und präsentierte das neue Sachsen weltweit. Gegenwärtig vertritt das Oberhaupt des ehemaligen sächsischen Königshauses als Consul ad honorem das Königreich Spanien in Sachsen und Thüringen. Prinzessin Gisela vertritt in gleicher Position Ecuador.
Prinz Alexander gründete den Freundeskreis des Grünen Gewölbes e. V. in Dresden mit dem Ziel, Kunstobjekte zu erwerben. Damit soll die Sammlung seiner Vorfahren bereichert werden.

Markgraf Alexander ist auch Präsident des Vereins „Zusammen gegen den Krebs" in Leipzig. Dieser arbeitet direkt mit der José Carreras Stiftung zusammen und sammelt Mittel, um aktiv die Leukämie bekämpfen zu können. Außerdem ist er Mitbegründer des „Forum Tiberius e.V." in Dresden und nimmt als Jurymitglied an dem Gesangswettbewerb Competizione dell´ Opera jährlich teil. Als Ehrenmitglied des „International Friends Dresden e. V." unterstützt er diesen Verein, der sich als Teil einer internationalen Gemeinschaft sieht und den Austausch und die interkulturellen Begegnungen von Menschen aus allen Ländern für ein weltoffenes Dresden fördert.
Bereits 2011 übernahm der jetzige Markgraf in der Tradition seines Großvaters bzw. Vaters den Vorsitz des „Sankt Heinrichsordens". Ziel des Ordens ist es, den sächsischen Heimatgedanken zu stärken.
Außerdem verleiht Markgraf Alexander in der historischen Überlieferung seiner Vorfahren an Menschen, die sich in außerordentlicher Art und Weise für die Kultur, die Geschichte, die wettinische Tradition sowie den Wiederaufbau der Region und die Stärkung des christlichen Glaubens und Lebens in Mitteldeutschland verdient gemacht haben, die 1963 als „Friedensklasse" des Ordens gestiftete „St.- Heinrichs-Nadel mit Krone".
2011 zog die Familie nach Buenos Aires, wo Markgraf Alexander für Projekte im Bereich der erneuerbaren Energien mit deutscher Technologie wirbt und ausführen lässt. Sein Tätigkeitsfeld umfasst Ecuador, Brasilien, Chile, Argentinien, Südafrika und Mexiko. Seit Ende 2012 wurde das Aktionsfeld wieder nach Mexiko Stadt verlegt, wo Alexander wieder die familiäre Spedition apycsa logistcs führt. Persönliches Anliegen der Familie ist der Aufbau von kulturellen, geschäftlichen, familiären und diplomatischen Brücken zwischen Europa und Iberoamerika. Aus diesem Grund pendelt Markgraf Alexander u. a. zwischen Mexiko, den USA, Deutschland mit Schwerpunkt Dresden und der Schweiz, um sowohl familiäre, wie auch kulturelle, unternehmerische und politische Projekte zu kreieren bzw. zu betreuen.
Am 30. November 2012 wurde ihm in Wien das Goldene Vlies durch Erzherzog Karl, Souverän des Ordens und Oberhaupt des Hauses Habsburg-Lothringen, überreicht.
Gemeinsam mit seiner Familie und im Kreise seiner Freunde und Mitstreiter, u. a. der ehemaligen Ministerpräsidenten Prof. Biedenkopf und Prof. Milbradt, des Landtagspräsidenten Dr. Rösler und zahlreicher weiterer Persönlichkeiten aus Kultur, Politik, Universitäten und Geschäftsfreunden feierte der Chef des Hauses im Kurländer Palais in Dresden am 12. Februar 2013 seinen 60. Geburtstag und bekundete damit seine enge Verbundenheit mit der Heimat seiner Vorfahren.

Die markgräfliche Familie 2012 in Dresden

v.l.n.r.: *Markgräfin Gisela; Prinz Paul-Clemens; Markgraf Alexander; Prinz Mauricio-Gabriel; Markgräfin Anastasia-Louise; Prinz Georg-Phillip; Prinzessin Maria-Teresita*

Stammfolge der Könige aus dem Haus Sachsen Albertinischer Linie (Haus Wettin)

1. Kleiner Überblick zur Familiengeschichte

• 1.2.1089: mit Graf Heinrich I. von Eilenburg (um 1070-1103) aus dem Hause Wettin erhält von Kaiser Heinrich IV. erstmals ein Wettiner die Meissner Markgrafenwürde

• Stammvater der Wettiner Albertinischer Linie: Albrecht III. der Beherzte, Herzog zu Sachsen (1443-1500). Er erwirbt 1483 zudem die Lehnsanwartschaft auf das Herzogtum Kleve und die Grafschaft Mark und übernimmt nach der Leipziger Teilung 1485 den meißnisch-osterländischen Teil mit Dresden und Leipzig.

• 4.6.1547: Herzog Moritz (1521-1553) wird Kurfürst von Sachsen
• 1569 unter Kurfürst August (1526-1586) Erwerbung des Vogtlandes (sächsischen Anteils)
• 1583 bis 10.6.1815 zusätzliche Annahme des Titels: Gefürsteter Graf zu Henneberg
• 19.9.1666 Bestätigung der Titel Herzog zu Jülich, Kleve, Berg, Graf zu der Mark und Ravensberg und Herr zu Ravenstein
• 30.5.1635 bis 10.6.1815 Titel eines Markgrafen der Ober- und Niederlausitz
• 27.6.1697 bis 5.10.1763 Könige von Polen
• ab 11.12.1806 Könige von Sachsen
• 13.11.1918 Thronverzicht durch König Friedrich August III. (1865-1932)

Der Chef des Hauses führt seit 1932 den Namen »Markgraf von Meissen, Prinz von Sachsen Herzog zu Sachsen«. Die Nachgeborenen und ihre Gemahlinnen, tragen den Namen Prinz/Prinzessin von Sachsen Herzog/Herzogin zu Sachsen und, soweit sie den Hausgesetzen entsprechen, das Prädikat (die Anrede) „Königliche Hoheit".

2. Stammfolge seit August dem Starken

Friedrich August I. *(genannt der Starke)*
*Dresden 12.5.1670, † Warschau 1.2.1733, verheiratet 10.1.1693 mit Christiane Eberhardine von Brandenburg-Bayreuth (1671-1727), Tochter des Markgrafen Christian Ernst von Brandenburg-Bayreuth, folgte seinem Bruder 1694 als Kurfürst von Sachsen, 17.6.1697 als August II. zum König von Polen gekrönt

Friedrich August II.
* Dresden 7.10.1696, † Dresden 5.10.1763, verheiratet 20.8.1719 mit der Tochter des römisch-deutschen Kaisers Joseph I., Erzherzogin Maria Josepha von Österreich (1699-1757), folgte seinem Vater 1733 als Kurfürst von Sachsen, 17.1.1734 als August III. zum König von Polen gekrönt

Friedrich Christian
* Dresden 5.9.1722, † Dresden 17.12.1763, verheiratet 18.7.1724 mit der Tochter des römisch-deutschen Kaisers Karl VII., Maria Antonia von Bayern (1724-1780), folgte seinem Vater 1763 als Kurfürst von Sachsen

Friedrich August III./I. *(genannt der Gerechte)*
* Dresden 23.12.1750, † Dresden 5.5.1827, folgte seinem Vater 1763 als Kurfürst von Sachsen (zunächst bis 13.9.1768 unter Vormundschaft seines Oheims Prinz Franz Xaver von Sachsen), vermählt 17./29.1769 mit Marie Amalie Auguste Pfalzgräfin von Pfalz-Zweibrücken (1752-1828), nahm als

Friedrich August I. am 11.12.1806 die Königswürde von Sachsen an, 1806-1815 Herzog von Warschau

Anton
* Dresden 27.12.1755, † Pillnitz 6.6.1836, vermählt (1) 29.9./24.10. 1781 mit Charlotte von Sardinien (1764-1782), vermählt (2) 8.9./18.10.1787 mit der Tochter des Kaisers Leopolds II., Erzherzogin Maria Theresia von Österreich (1767-1827), folgte seinem Bruder 1827 als König von Sachsen

Friedrich August II.
* Pillnitz 18.5.1797, † (verunglückt) Brennbichl (Tirol) 9.8.1854, vermählt (1) 26.9./7.10.1819 mit der Tochter des Kaisers Franz I., Erzherzogin Carolina Ferdinanda von Österreich (1801-1832), erneut vermählt nach dem Tod der 1. Ehefrau (2) 24.4.1833 mit der Tochter des Königs Maximilian Joseph von Bayern, Maria von Bayern (1805-1877), Mitregent seit 13.9.1830, folgte seinem Onkel nach der Thronfolgeverzichtserklärung seines Vater Maximilian (1759-1838) 1836 als König von Sachsen

Johann
* Dresden 12.12.1801, † Pillnitz 29.10.1873, vermählt 10.11./21.11.1822 mit der Tochter des Königs Maximilian Joseph von Bayern, Amalia Auguste von Bayern (1801-1877), folgte seinem Bruder 1854 als König von Sachsen

Albert
* Dresden 23.4.1828, † Sibyllenort (Niederschlesien) 19.6.1902, vermählt 18.6.1853 mit Caroline (Carola) von Wasa (1833-1907), Tochter des Prinzen Gustav von Wasa, folgte seinem Vater 1873 als König von Sachsen

Georg
* Pillnitz 8.8.1832, † Pillnitz 15.10.1904, vermählt 11.5.1859 mit Maria Anna Prinzessin von Portugal (1843-1884), Tochter des portugiesischen Königs Ferdinand von Sachsen-Coburg-Gotha-Braganza, folgte seinem Bruder 1902 als König von Sachsen

Friedrich August III.
* Dresden 25.5.1865, † Sibyllenort (Niederschlesien) 18.2.1932, vermählt 21.11.1891 mit der Tochter des entthronten Großherzogs Ferdinand IV. von Toskana, Ludovica (Luise) Erzherzogin von Österreich-Toskana (1870-1947), geschieden 11.2.1903, folgte seinem Vater 1904 als König von Sachsen, Thronverzicht 13.11.1918

Friedrich Christian, *Dr. jur.*
* Dresden 31.12.1893, † Samedan (Schweiz) 9.8.1968, vermählt 16.6.1923 mit Elisabeth Helene Prinzessin von Thurn und Taxis (1903-1976), Tochter des Fürsten Albert von Thurn und Taxis, folgte 1932 seinem Vater als Chef des Hauses Sachsen Albertinischer Linie und erwählte als Titulatur des Chefs

der Familie den ältesten Titel des Hauses aus dem Jahr 1089 als Markgraf von Meissen Herzog zu Sachsen

Maria Emanuel
* Prüfening bei Regensburg 31.1.1926, † La Tour de Peilz (Schweiz) 23.7.2012, vermählt 22./23.6.1962 mit Anastasia-Louise Prinzessin von Anhalt (* 1940), Tochter des Eugen Prinz von Anhalt, folgte seinem Vater 1968 als Markgraf von Meissen Herzog zu Sachsen und Chef des Hauses Sachsen Albertinischer Linie

Alexander
* München 12.2.1953, [Eltern: Roberto Prince de Gessaphe (1916-1978) und Maria Anna Josepha Prinzessin von Sachsen Herzogin zu Sachsen (1929-2012), Schwester des Markgrafen Maria Emanuel von Meissen (1926-2012)], führte seit 25.8.1972 mit vorausgegangenem Einverständnis des Markgrafen Friedrich Christian den Namen Prinz von Sachsen-Gessaphe, davor Prince de Gessaphe, vermählt 3.4./28.9.1987 mit Gisela Prinzessin von Bayern (* Leutstetten 10.9.1964, Tochter des Rasso Prinz von Bayern), führt seit der Adoption durch Maria Emanuel Markgraf von Meissen den Namen Prinz von Sachsen Herzog zu Sachsen, folgte seinem Onkel 2012 als Markgraf von Meissen und Chef des Hauses Sachsen Albertinischer Linie

Kinder:

Georg - Phillip Antonius * Mexiko Stadt 24.5.1988
Mauricio - Gabriel Roberto * Mexiko Stadt 14.9.1989
Paul - Clemens Bernard Mansur * Mexiko Stadt 23.3.1993
Maria - Teresita Anna Louise Caroline Lucardis * Dresden 7.7.1999

****

Danksagung:

Der Autor dankt herzlichst für die gewissenhafte und ausgesprochen entgegenkommende inhaltliche Unterstützung für diese Schrift Seiner Königlichen Hoheit, Prinz Alexander Markgraf von Meissen, Prinz von Sachsen Herzog zu Sachsen. Ohne diese Mithilfe hätte manches Ereignis der Familiengeschichte des sächsischen Königshauses nicht so dargestellt werden können!

Weitere vertiefende und zu empfehlende Informationen zum Wirken des gegenwärtigen Chefs des Hauses Sachsen Albertinischer Linie sind zu finden unter:
www.st-heinrichs-orden.von-sachsen.eu, sowie www.honorarkonsulat-spanien.de

Verwendete und ausgewählte weiterführende Literatur

Czok, Karl; August der Starke und seine Zeit. Leipzig 2004
Fellmann, Walter; Sachsens Könige 1806 bis 1918. München/Berlin 2000
Graf Finck v. Finckenstein, Gottfried; Franke, Christoph. Genealogisches Handbuch des Adels. Fürstliche Häuser Band XVIII. Limburg an der Lahn 2007
Gross, Reiner; Geschichte Sachsens. Leipzig 2001
Hambrecht, Rainer; Wettiner Wappen im Riesensaal der Ehrenburg zu Coburg. Coburg 1985
Hansen, Hans Jürgen; Heil Dir im Siegerkranz. Die Hymnen der Deutschen. Oldenburg/Hamburg 1978
Helfricht, Jürgen; Die Wettiner. Sachsens Könige, Herzöge, Kurfürsten und Markgrafen. Leipzig 2005
Freiherr v. Hausen, Clemens; Der Fürstenzug auf dem Sgraffito-Fries am Königl. Schlosse zu Dresden. Dresden 1903
Hofmeister, Georg Eberhardt; Genealogie des Hauses Wettin von der ältesten bis zur neuesten Zeit in allen Haupt- und Nebenlinien. Ronneburg/Greiz 1858
Hueck v., Walter; Genealogisches Handbuch des Adels. Fürstliche Häuser Band X. Limburg an der Lahn 1978
Kroll, Frank-Lothar (Hrsg.); Die Herrscher Sachsens. Markgrafen, Kurfürsten, Könige. 1089-1918. München 2007
Philippi, Hans; Die Wettiner in Sachsen und Thüringen. Limburg an der Lahn 1989
Posse, Otto; Die Wettiner. Genealogie des Gesamthauses 1893. Mit Berichtigungen und Ergänzungen der Stammtafeln bis 1993. Leipzig 1994
Prinz von Sachsen Herzog zu Sachsen, Albert; Die Albertinischen Wettiner. Geschichte des sächsischen Königshauses 1763-1932. Gräfelfing 1991
Schmieder, J; Quellen zur sächsischen Geschichte. Leipzig 1915
Schwarz, Hilmar; Die Wettiner des Mittelalters und ihre Bedeutung für Thüringen. Leipzig 1994
Ströhl, Hugo Gerard; Deutsche Wappenrolle. Stuttgart 1897 (Reprint Köln 2007)
Toscana v., Luise; Mein Lebensweg. Berlin 1911
Toselli, Enrico; Meine Ehe mit Louise von Toscana. Basel/St. Ludwig/Leipzig 1914
Prinz von Preußen, Michael (Hrsg.); Auf den Spuren der deutschen Monarchien. Tradition und Gegenwart – Kultur und Erbe. Köln 2008
Riehl, Hans; Al die deutschen Fürsten fielen. München 1979
Vehse, Carl Eduard; Hofgeschichten aus Rokoko und Biedermeier. Weimar o. J.

Bildnachweis

Sammlung Sven Klein: Seiten 3, 6, 7, 12, 14, 16, 19, 24, 27 bis 31, 36, 38, 43,
Foto Sven Klein: Seite 9
Bibliothek des Vereins für Greizer Geschichte e.V.: Seite 11
Sammlung S.K.H. Alexander Markgraf von Meissen: Seiten 45, 48
Foto André Henschke (www.henschke.ch): 51 und Umschlagrückseite

Zum Autor:

Sven Michael Klein, 1965 geboren, aufgewachsen und wohnhaft in Greiz/Vogtland, an der sächsisch-thüringischen Grenze. 1986 bis 1991 Studium der Geschichte und Germanistik an der Friedrich-Schiller-Universität Jena. Seit 1991 Verwaltungsfachangestellter bei der heutigen Evangelischen Kirche in Mitteldeutschland. Zahlreiche Veröffentlichungen zu regionalgeschichtlichen Themen, insbesondere zum reussischen Fürstenhaus, u. a. 2002 Publikation „Fürst Heinrich XXII. Reuss Aelterer Linie"; 2007 Mitarbeit an der Biographie „Hermine, die zweite Gemahlin von Kaiser Wilhelm II."; 2008 „Das Haus Sachsen-Weimar-Eisenach" in dieser Reihe; 2009 Publikation „Fürst Heinrich XIII. Reuss Aelterer Linie / Der Künstler Anton Graff und sein Greizer Fürstenporträt"

In der Reihe DEUTSCHE FÜRSTENHÄUSER sind bisher erschienen:
(Die Reihe wird laufend aktualisiert und fortgeführt))

Heft 42 *Sven Michael Klein* · **Das Sächsische Königshaus**
Heft 41 *Ulrich Hahnemann* · **Das Haus Schwarzburg**
Heft 40 *Joseph Kleine* · **Das Haus Lippe**
Heft 39 *Thomas Gehrlein* · **Das Haus Schönborn**
Heft 38 *Thomas Gehrlein* · **Das Haus Erbach**
Heft 37 *Peter Styra* · **Das Haus Thurn und Taxis**
Heft 36 *Mathias Hattendorff* · **Das Haus Schleswig-Holstein-Sonderburg-Glücksburg**
Heft 35 *Torsten Haarmann* · **Das Haus Waldeck und Pyrmont**
Heft 34 *Thomas Gehrlein* · **Das Haus Anhalt**
Heft 33 *Felix Kampelmann* · **Das Haus Schaumburg-Lippe**
Heft 32 *Thomas Gehrlein* · **Das Haus Leiningen**
Heft 31 *Thomas Gehrlein* · **Das Haus Sachsen-Altenburg**
Heft 30 *Pierre Even* · **Das Haus Oranien-Nassau (Niederlande)**
Heft 29 *Pierre Even* · **Das Haus Nassau (Luxemburg)**
Heft 28 *Sven Michael Klein* · **Das Haus Sachsen-Weimar-Eisenach**
Heft 27 *Franz Haarmann* · **Das Haus Hannover**
Heft 26 *Kathrin Ellwardt* · **Das Haus Baden**
Heft 25 *André Farin* · **Das Haus Putbus auf der Insel Rügen**
Heft 24 *Felix Kampelmann* · **Das Haus Württemberg**
Heft 23 *Elfi Zuber* · **Das Haus Bayern**
Heft 22 *Thomas Gehrlein* · **Das Haus Mecklenburg**
Heft 21 *Franz Haarmann* · **Das Haus Sachsen-Coburg u. Gotha**
Heft 20 *Hartmut Platte* · **Das Haus Oldenburg**
Heft 19 *Thomas Gehrlein* · **Das Haus Reuß Älterer und Jüngerer Linie**
Heft 18 *Katja Hofbauer* · **Das Preußische Königshaus**
Heft 17 *J. Burkardt/U. Lückel* · **Das Haus zu Sayn-Wittgenstein-Berleburg** *(vergriffen)*
Heft 16 *Hartmut Platte* · **Das Haus Thurn und Taxis** *(vergriffen)*
Heft 15 *Franz Haarmann* · **Das Haus Hessen** *(vergriffen)*
Heft 14 *Hans-Jürgen Krüger* · **Das Fürstliche Haus Wied**
Heft 13 *Hartmut Platte* · **Das Haus Schönborn** *(vergriffen)*
Heft 12 *Hartmut Platte* · **Die Herrschaft Hohenaschau** *(vergriffen)*
Heft 11 *U. Lückel/A. Kroh* · **Das Fürstl. Haus zu Sayn-Wittgenstein-Hohenstein** *(vergriffen)*
Heft 10 *C. Hirschler/U. Hahnemann* · **Das Fürstl. Haus Schwarzburg-Sondershausen** *(vergriff.)*
Heft 9 *Hartmut Platte* · **Das Fürstliche Haus Hohenzollern-Sigmaringen**
Heft 8 *Hartmut Platte* · **Das Gräfliche Haus Erbach-Erbach** *(vergriffen)*
Heft 7 *Hartmut Platte* · **Das Fürstliche Haus Solms-Braunfels** *(vergriffen)*
Heft 6 *Ludwig Tavernier* · **Das Fürstliche Haus Sayn-Wittgenstein-Sayn** *(vergriffen)*
Heft 5 *Günter Tiggesbäumker* · **Das Herzogliche Haus Ratibor und Corvey**
Heft 4 *Hartmut Platte* · **Schaumburg-Lippe** *(vergriffen)*
Heft 3 *Hartmut Platte* · **Waldeck und Pyrmont** *(vergriffen)*
Heft 2 *Hartmut Platte* · **Das Haus Bentheim-Tecklenburg** *(vergriffen)*
Heft 1 *Hartmut Platte* · **Das Haus Lippe** *(vergriffen)*

****

Weitere Titel zur Geschichte Deutscher Dynasten:

KURPFALZ - VERLAG · Inhaber: Matthias Wanke

U 6, 17 · 68161 Mannheim

Telefon (0621) 7773-2255 · Fax (0621) 7773-2233
E-Mail: info@kurpfalz-verlag.de · Internet: www.kurpfalz-verlag.de